도둑맞은

감정들

도둑맞은 감정들

조우관 지음

무엇이 우리를
감정의 희생자로
만드는가

무엇이 우리를
감정의 희생자로 만드는가

감정을 연구하고 수련하는 사람에게도 감정은 쉽지 않은 주제이다. 감정을 공부하고 사람들의 마음을 들여다보는 나조차도 최근에야 내 감정을 똑바로 직면하고 제대로 해석하고 조금은 해결할 수 있게 되었다. 그럼에도 여전히 휘몰아치는 감정의 한가운데서 어리둥절할 때가 있다.

직업 특성상 여러 사람과 감정에 대해 이야기를 나누곤 하는데, 그럴 때면 감정 자체가 없는 것 같은 사람, 생각은 말할 수 있으나 감정은 제대로 표현하지 못하는 사람, 이성은 현명한 판단과 생활에 도움이 되지만 감정은 그렇지 않다고 잘못 생각하는 사람, 감정을 솔직하게 표현하는 이를 비난하는 사람 등등 감정 앞에서 자유롭지 못한 경우를 다양하게 관찰하게 된다.

어린 시절, 나는 강한 사람으로 보이고 싶어 약해 보이는 감정을 모조리 숨기곤 했다. 그렇게 된 데에는 내가 남자아이로 태어나지 않은 데 대한 부모와 조부모의 아쉬움, 강해져야 한다는 아버지의 메시지, 학교와 사회가 던지는 다양한 당위적 가르침, 그리고 그 무엇보다 그런 환경 속에서 의심 없이 타인의 메시지를 내재화한 내가 있었다. 이 모든 요인이 감정의 선을 잘라내도록 유도한 탓에 어느덧 감정이 무뎌지고, 아무한테도 솔직하게 감정을 말하지 못하는 어른이 되어버렸다.

심리학을 전공한 후에야 내 안에 어떠한 감정이 풀리지 않은 채 응어리져 있는지 확인할 수 있었고, 감정에 대해 연구하고 수련한 후에야 다른 사람의 감정이 눈에 들어오기 시작했다. 그 과정에서 지난날의 나처럼 자신의 감정을 인식하고 표현하는 데 자유롭지 못하다는 사실을 모르는 사람들을 보며 안타까운 마음이 들었다. 감정을 잘 숨기는 것이 곧 감정을 잘 처리하는 것이라 여기고 차곡차곡 쌓이는 감정을 알아채지 못한 채, 마음의 병을 앓는 사람들에게 말해주고 싶었다. 감정은 우리를 살리기 위해 존재하는 것이라는 사실을.

감정은 어슴푸레한 무엇이 아니라 강렬하고도 사실적이며 선명하게 보일 수밖에 없는 속성을 지녔다. 하지만 그것을 있는 그대로 인정하고 싶지 않은 마음과 그대로 허용해주지 않은 주변 시선과 사회적 분위기 때문에 감춰지고 묻힌 것뿐이다.

심리학에서는 감정 억압을 일종의 폭력으로 바라본다. 내 감정뿐만 아니라 남의 감정에 대해서도 참으라고 말하는 것은 심리적인 폭력이자 억압이다. 하지만 현실을 둘러보면 우리가 느끼는 무한한 감각과 감정을 잘라내라는 압박과 메시지가 차고 넘친다. 폭력인 줄도 모른 채 어릴 때부터 받아온 그런 억압은 우리를 자주 무기력하게 만들곤 한다.

새로운 감정이 들어오려면 묵은 감정을 처리해야만 한다. 우리가 날마다 새로운 사람이 될 수는 없겠지만, 날마다 새로운 감정으로 살 수는 있다. 감정을 대면하고, 그 감정이 말하는 바가 무엇인지를 듣기만 한다면 말이다.

나는 감정에 대한 오해를 풀고 싶다. 우리가 감정에 대해 잘못 인지하고 있는 것들, 그리하여 감정과 자아를 동일시하면서 특정 감정을 터부시하게 된 태도가 우리의 자유를 해치고 있음을 이야기하고 싶다. 나는 이 책을 통해 왜, 어떻게 많은 사람이 감정의 희생자로 살아가고 있는지를 사회적 관점과 맥락에서 보여주고자 한다. 물론 심리학적 이론과 해결책도 소개할 것이다.

감정은 하나의 목표지점을 향해 가는 그 무엇이 될 수 없다. 우리 모두의 개성이 다르듯, 어떤 현상을 보거나 문제를 대할 때 느끼는 감정은 각기 다를 수밖에 없다. 이제부터 각자의 감정을 들여다보며 자신의 창조성과 무한성을 일깨우고 감정과 연합하고 조화를 이루면서 살아가기를 빈다. 그렇게 조용히 당신을 응원한다.

조우관

2장. 감정에 관한 흔한 오해들

3장. 당신의 감정이 당신에게 하는 말

4장. 내 감정을 돌보며 사는 삶

epilogue.

1장

감정을 억압하는 사회

당위적 삶에 억눌려
허용되지 못한 감정들

"어른 말에 싫다고 하면 안 돼."

"여자아이는 얌전해야지."

"남자는 태어나서 딱 세 번만 우는 거야."

어린 시절부터 들어온 이런 당위론적 메시지는 어른이 되면 "남자는 가장으로서 책임감이 있어야지", "엄마는 희생하는 게 당연해"로 이어진다. 연령과 성별, 주어진 역할에 따라 강요받는 다양한 당위론적 메시지 속에서 우리는 '나'가 아닌 '나여야만 하는 나'로 살아왔다. 남들보다 더 나아져야 한다는 식의 상대평가가 일상화되어, 일거수일투족 남들의 기준에 의지한 채 웃고 우는 지경에 이르렀다.

특히, 아직도 체면 문화가 남아 있는 우리나라에서는 타인의 시선을 의식해 자신의 행동 여부를 결정하고, 외신이 우리나라에 대해 어떻게 기사화하는지에 지나치게 관심이 많다. 심지어 미국으로 이민을 간 한국인들은 서구 문화권에 살면서도 타인과의 비교의식이 지나치다고 하니, 조선시대 양반의 체통이 가히 뼈에 새겨졌다고 해도 과언이 아니다.

다양한 삶의 양식이 혼재하고 이를 존중하는 것이 아니라 남과 비슷한 삶의 방식을 추구하며 사는 사회에서는 튀는 것보다 무난함을 바람직한 삶으로 간주하기 쉽다. 사회 분위기와 개인의 감정은 서로 긴밀히 영향을 주고받는다. 체면을 중시하는 사회일수록 부정적이라고 판단되는 감정 표현 자체를 어른스럽지 못하다고 여길 확률이 높다.

여자에게 여성성과 조신함을 강요하는 나라에서는 여자가 분노하거나 감정적으로 말하는 데 거부감을 느낄 것이다. 강인함을 남성의 상징으로 여기는 사회에서는 우울감이나 슬픔을 표현하는 남자를 남자답지 못하다고 규정할 것이다. 자녀에게 '싫다고 하면 안 된다'는 말을 주로 했던 사람은 싫다는 말을 하는 사람을 향해 사회성이 떨어진다거나 부정적인 사람이라고 손가락질을 할 수도 있다.

이러한 모습이 일반화된 사회에서는 당위적 삶에서 어긋난 이들을 향해 비난하거나 조롱하는 태도를 문제라고 여기지도 않는다. 억압이 익숙한 이들에게 억압은 억압이 아닐 수 있다. 자신이 물려받은 신념과 생활양식에 대해 단 한 번도 문제제기를 해보지 못했거나 의문을 갖지 않았던 사람일수록 자신이 누리지 못한 자유를 누리는 사람을 더 쉽게 비난한다. 남의 시선에 개의치 않고 자신의 감정을 솔직하게 말하는 사람을 향해 노골적이고 원색적인 욕을 해도 괜찮다고 생각한다. "어떻게 그런 식으로 표현할 수 있느냐"며 말의 내용과 뜻보다 표현하는 행위 자체를 비난하는 사람을 주변에서 아주 흔하게 볼 수 있다.

　당위적 삶은 주어진 역할에 몰입하게 한다. 딸은 딸로서, 아들은 아들로서, 부모는 부모로서, 교사는 교사로서…. 이렇게 역할에 과몰입하면 의무만 남고 오롯한 '나'로서의 실존적인 존재는 멀어진다. '나여야만 하는 나'가 가질 수 있는 감정만 허용하게 된다. 그래서 모든 감정을 이해하고 수용하지 못하고 한번 걸러진 감정만 용인한다.

　그리고 이처럼 당위적 삶을 강요하는 사회 속에서 개인은 마음을 다쳐 아파도 상담을 받거나 정신과에 가기를 더 꺼리는 경향이 있다. 남들이 나를 이상하게 쳐다볼까 봐 더 아프고, 또 그런 나를 향해 남들은 "그런 것쯤은 의지로 극복해야 한다"는 말을 서슴없이 하며 또 한 번 상처를 낸다.

　'이런 감정을 표현하면 남들이 나를 어떻게 생각할까'부터 고민하는 모습은 우리가 겪었던 체면 문화와 당위적 삶이 결합된 결과이다. 완벽한 타자 지향적 삶이다. 나로서 살아가기는 당위적 삶을 끊어낸 후에야 가능하다. 이러한 조건이 선행되지 않으면 우리는 계속해서 감정을 억압하고, 풀리지 않는 감정으로 인해 스트레스와 번아웃을 겪을 수밖에 없다. 급기야 감정을 해소할 수 있는 절호의 기회를 놓친 채 정신이 병드는 지경에까지 이른다.

누구도 침범할 수 없는 고유 영역을 가진 존재로서의 자기만족과 자기인식에 도달할 수 있는 능력을 갖추었을 때 나는 '진정한 나'로 살아갈 수 있다. 그런 다음에야 온 마음으로 기뻐할 수 있고, '있는 그대로의 나'와 나의 감정을 받아들일 수 있으며, 존재론적이고 인식론적인 아포리아aporia에서 벗어날 수 있다. '있어야 할 것'이 아닌 '이미 있는 것'을 긍정하고 받아들이면서 자유로운 영혼으로 살게 된다.

나는 나였던가, 주입된 나로 살았던 건 아닌가, 누구의 기준인지도 모르면서 그 당위의 가해자 혹은 피해자로 살지는 않았나 생각해봐야만 한다. 진정한 나로 행복하고 싶다면 말이다.

사회성이 만든 가짜 웃음

최근에 '감정 살롱'을 진행하면서 웃음에 대해 고민하는 멤버를 만났다. 그가 처음 사회생활을 시작했을 때 직장상사는 "신입사원이 웃지도 않고 왜 그렇게 무표정하게 있어? 너무 어두운 거 아니야?"라고 말하며 웃음을 강요했다고 한다. 한 사람만이 아닌 여러 직장상사가 신입사원들에게 웃을 것을 명령했다는 말도 덧붙였다. 그는 한마디 대꾸도 못 하고 직장생활 내내 웃음 띤 얼굴로 지내기 위해 노력했다고 한다.

　　직장상사는 업무적인 사항뿐만 아니라 부하직원의 감정까지도 지시하고 강제할 수 있는 권력의 소유자인가. 직장상사는 웃지 않는 부하직원의 모습이 불편했고, 자신의 불편감을 해소하는 방법으로 부하직원을 변화시켜야겠다고 마음먹었다. 마치 자신에게 그만한 자격이 있다고 생각이라도 한 듯 말이다. 그러한 직장상사의 요구에 맞닥뜨린 그는 원래 잘 웃지 않던 자신을 바꾸기 위해 노력했고, 그 또한 웃지 않는 사람을 보면 불편해졌다고 한다. 그 회사를 그만둔 지 오래고 더 이상 직장상사가 웃음을 강요하지 않는데도 그는 항상 사람들 사이에서 웃고 있는 자기 자신이 너무 피곤하다고 했다. 그리고 알게 모르게 웃음을 종용하는 주변 사람들에게 짜증이 난다고도 했다.

흔히 성격을 기준으로 주변 사람을 내향인과 외향인으로 구별하곤 한다. 개인적으로는 그리 크게 의미 있는 작업이라고 생각하지 않지만, 많은 이들이 외향인과 내향인으로 구분해 사회성이라는 개념을 다루고 싶어 한다. 자신에게 더 맞는 스타일의 사람 혹은 자신과 반대되는 성향의 사람을 만나기 위해 애쓰기도 한다. 보통은 누군가를 사귈 때 어두운 사람보다는 밝은 사람을 선호하며 그 밝음의 기준을 웃음으로 삼는다. 게다가 내향인보다는 외향인이 더 많이 웃고, 사회성이 높다고 생각한다.

그런데 다수의 연구에 따르면 실제로는 내향적인 사람도 외향적인 사람 못지않게, 때로는 외향적인 사람보다 더 많이 사회적인 활동에서 큰 즐거움을 느낀다고 한다. 즉, 사회적활동에서 느끼는 즐거움의 크기는 성격과 별로 상관이 없다.

그럼에도 사람들은 내향인을 향해 사회적으로 성공하려면 활달한 성격으로 바꾸라는 말도 서슴지 않으며 웃음을 강요하곤 한다. 이러한 압력 속에서 사람들은 애써 웃으며 맞장구치는 행동으로 친밀감을 높이려 고군분투한다.

실제로도 즉각적이면서도 순수한 웃음은 친밀감과 유대감을 나타낸다. 초기 인류에게 웃음은 서로를 해치지 않겠다는 표시였기 때문에 서로의 웃는 모습을 보고 안심했다. 그런데 친근함의 방식이자 안심을 부르는 소리로서 기능했던 웃음이 사회적 상호작용 속에서 의지에 반≠하는 불편함으로 변질되었고, 사교성을 강요하는 사회에서 예의로서의 가짜 웃음으로 변형되었다. 한 연구는 웃는 행위의 80~90%가 별로 웃기지도 않고, 웃고 싶지도 않은 상황에서 발생한다는 것을 밝히기도 했다.

앞에서 언급했던 사례의 상사는 많은 부하직원을 자신이 긍정적으로 변화시켰다고 생각하겠지만, 실제로 직원들은 그 앞에서 가짜 웃음을 지었을 가능성이 크다. 흥미롭게도, 남성은 여성보다 진짜 웃음과 가짜 웃음을 구별하지 못하며, 직급이나 직위가 높을수록 이러한 현상이 더 강하게 나타난다. 어쩔 수 없이 자신의 말을 따르는 사람들의 진심을 제대로 보려고 노력하지 않기 때문이다.

예의로 짓는 이러한 억지웃음은 상대가 이미 나에 대해 부정적으로 생각하고 있거나 공격적으로 나올 때는 오히려 비효율적이며, 상대방의 부정과 공격 행위 자체를 강화하거나 정당화하게 된다. 웃음이라는 행위에 상대의 무례에 동의한다는 뜻이 포함되어 있기 때문이다. 한마디로 웃기만 하다가는 우스운 사람 되는 것은 시간문제다. 원숭이는 오직 복종

할 때에만 이빨을 드러내며 웃는다고 하는데, 원숭이의 복종의 웃음이야말로 인간의 가짜 웃음과 동일하다.

복종으로서의 피학적 웃음, 누가 웃으라고 했기 때문에 웃는 웃음은 스트레스의 원인과 결과가 될 수 있으며 상대의 무례와 불합리함을 승인하는 부작용을 낳는다. 웃고 싶지 않은데 억지로 짓는 웃음은 우리 뇌에 상처를 입히고, 상처를 방어하기 위한 수단으로 또다시 작동한다. 진짜 웃음은 엔도르핀을 생성하고 스트레스와 불안을 해소하며 희열 상태를 만들고 고통을 견디는 힘을 주지만, 가짜 웃음에는 이런 효과가 없다.

여럿이 모인 자리에서 웃지 않으면 누군가가 불편해할까 봐 내내 웃고 있었다면 귀가 후 녹다운이 될 것이다. 거짓 연기는 에너지를 소진하는 결과만 초래할 뿐이다. 거짓 웃음 자체가 에너지 뱀파이어이다. 보통 즐겁고 기쁜 감정이 슬프고 우울한 감정보다 에너지를 더 많이 소비한다. 심장이 쿵덕쿵덕 뛰고, 아드레날린이 솟구치고, 방방 뛰고 있다고 생각해 보라. 안 그래도 에너지가 많이 쓰이는 감정인데, 계속해서 의식적으로 그 감정을 만들어 내보이고 있었다면 집에 와서 침대로 직행할 수밖에 없다. 그러니 거짓 웃음과 동조가 난무하

1장. 감정을 억압하는 사회

는 직장생활로 인해 대부분의 직장인이 집에만 오면 소파와 한몸을 이루는 것이다.

군이 웃음을 짓지 않더라도 얼마든지 사교적일 수 있다. 공감의 언어와 따뜻한 말은 때로 미소보다 강력하다. 그리고 누군가 무엇인가를 잘못했을 때 그 상황을 무마하기 위해 짓는 웃음은 잘못된 행동을 더욱더 자극할 뿐이다.

무례한 요구나 행동 앞에서는 중립적인 태도와 말만으로도 충분하다. 누군가 무슨 일이 있느냐고, 왜 얼굴이 화난 사람 같으냐고, 좀 웃으라고 말한다면 "오늘 지을 웃음은 이미 회사에서(혹은 어제) 다 썼어요" 정도로 말하면 된다. 나한테 왜 웃으라고 하느냐고 군이 따지지 않아도 웃고 싶지 않은, 혹은 웃을 힘이 없는 내 심리 상태를 불쾌한 감정을 싣지 않고 충분히 대변할 수 있다. 물론 이런 농담이 섞인 진담을 못 알아듣는 사람에게는 냉랭한 분위기를 보일 필요가 있겠지만.

거짓 웃음에 자주 자신을 노출해온 사람은 스스로가 현재 가짜로 웃고 있다는 사실조차 인지하지 못하곤 한다. 웃지 않는 나를 보며 누군가 불편한 마음이 들었다면 그건 그가 해결해야 할 문제이다. 웃어야 한다는 강박으로 웃고 있는 나의 불편함은 정작 해결하지 못하면서 남의 불편만 신경 쓴다면 언젠가 불행 앞에서도 웃는 불상사가 벌어질지도 모른다.

우리의 웃음은 자연스러워야 한다. 나의 좋은 기분과 행복을 드러내는 수단으로서의 웃음이 가장 자연스럽다.

산타는 왜 우는 애들에게
선물을 안 주는 걸까

〈이퀼리브리엄Equilibrium〉'이라는 SF 영화를 잠시 소개할까 한다. 영화는 모든 사람의 감정이 통제되는 미래사회를 그린다. 3차 대전이 일어났고, 그 결과 탄생한 독재정부는 변덕스러움을 비롯한 인간의 감정으로 인해 전쟁이 촉발되었다고 판단한다. 그래서 정부는 앞으로의 전쟁을 막는다는 미명하에 국민에게 '프로지움'이라는 약물을 주입함으로써 사랑, 증오, 분노 등 어떠한 감정도 느끼지 못하게 만든다. 인간은 책, 음악, 예술 등 감정을 자극하는 모든 문화를 향유할 수 없으며 이를 거부하는 이들은 제거 대상이 된다. 전쟁을 막기 위해 사랑과 풍요를 가져다주는 감정까지 제거한 것이다. 이에 순응하는 사람도 많았지만, 늘 그렇듯 영화의 갈등은 저항하는 이들로부터 비롯된다.

만약 당신이라면 이런 결정을 받아들이겠는가, 아니면 그에 저항하겠는가. 목숨을 걸고 저항할 용기까지는 없더라도 사람의 껍데기를 한 로봇으로 살아가는 것을 반기는 이는 없을 것이다.

그런데 왜 우리는 어린 시절부터 이런 식의 강요를 받으며 살아온 것일까. 아이들은 울음으로 감정을 대신 표현할 때가 많다. 어른만큼 언어능력이 발달하지 못해서 자신의 불편한 감정을 조리 있게 말로 표현하기 어렵기 때문이다. 그런

아이들에게 울지 말라고 말하는 것은, 울음이 나쁜 행위라는 메시지를 주는 것은, 어른에게 어떤 감정이 일어나더라도 아무런 표현도 하지 말라는 주문과 다를 바 없다. 그러한 말과 메시지는 바로 〈이퀼리브리엄〉에서 사람들에게 주입됐던 프로지움이라는 약물과 같다. 우리는 여태 그러한 약물을 투여받고도 인식하지 못하고 있었을 뿐이다.

You better watch out

You better not cry

Better not pout

I'm telling you why

Santa Claus is coming to town

He's making a list

And checking it twice;

Gonna find out

Who's naughty and nice

Santa Claus is coming to town

He sees you when you're sleeping

He knows when you're awake

He knows if you've been bad or good

우리에게 널리 알려진 크리스마스 캐럴 〈울면 안 돼〉의 원곡 〈Santa Claus is coming to town〉 가사의 일부이다. 가사에 따르면 산타 할아버지는 누가 착한지, 나쁜지 알고 있고 리스트를 만들어 그것을 두 번이나 체크한다고 한다. 울지도 말고, 토라지지도 말라고 하면서 말이다. 착한 아이와 나쁜 아이에 대해 언급한 후 울지 말라고 말하는 것은 울음을 나쁜 행위로 인식하게 만든다. 우리는 이 캐럴이 이런 끔찍한 내용을 담고 있는지도 모른 채 신나게 따라 불렀다. 심지어 한국어 가사에는 장난치는 아이도 산타 할아버지가 모두 알고 계신다고 말한다.

울지도, 장난치지도, 토라지지도 말라는 이야기를 하는 이유는 어른 입장에서 키우기 편한 아이로 만들기 위해서이다. 울면서 고집을 부려 피곤하게 하거나, 장난쳐서 시끄럽게 하거나, 토라져서 성가시게 하는 것은 모두 어른을 힘들게 하는 조건이다. 아이들의 정체성을 대변하는 이런 특성을 없애야지만 어른들이 편해진다. 여기엔 어린이는 어른과 대등한 존재가 아니라, 어른에게 지배받는 존재라는 인식이 깔려 있다. 권위주의적이면서도 폭력적이다. 〈이퀼리브리엄〉에서 독재정부가 시민을 통제하기 수월하도록 모든 감정을 소멸하려고 했던 것처럼.

울음은 아이의 정체성이다. 인간은 모두 울면서 태어났고, 말을 하기 이전까지 울음은 나를 표현하는 수단이자 생존 기제였다. 울어야만 자신의 감정을 이후에 어떻게 처리할 수 있는지 배울 수 있고, 다른 감정도 민감하게 느낄 수 있다. 울음에는 수많은 감정이 담겨 있으며, 울음은 슬픔, 분노, 짜증, 상실감, 환희 등의 발현이다.

우는 행위가 차단된 아이가 그 어떤 감정을 마음 놓고 표현할 수 있을까? 나의 울음에도 자유롭지 못했던 아이가 다른 이의 울음에 공감할 수 있을까? 사회적 감수성이 풍부한 어른으로 자랄 수 있을까? 의도하진 않았더라도 울음을 참으라는 메시지가 우울감, 불안, 열등감, 분노, 공포 등의 감정도 모두 참으라는 메시지로 확장되지는 않았을까?

인간에게는 회복하려는 본성이 있으며, 울음 자체는 회복을 향한 갈망의 표현이다. 감정을 느끼는 것이 혼란스러우면서도 그것이 얼마나 아름다운 일인지를 알게 된 영화 속 주인공이 회복의 실마리를 제공하는 것으로 영화가 막을 내리는 것처럼, 어른들이 이제는 '울어도 돼, 울어도 돼'로 가사를 바꿔 아이들에게 들려주고 있다. 우는 사람에게 울지 말라는 말은 아무런 위로의 기능도 하지 못한다.

울음은 감정의 찌꺼기를 날려주는 가장 강력하고도 역동적인 행위이다. 그리고 다른 이의 슬픔 앞에서 나의 진심과 공감을 전달해주는 장치이기도 하다. 만약 당신이 부모라면 아이에게 프로지움 약물을 주입하지 않기를, 만약 당신이 지금 울지 못하는 어른이라면 독살된 울음의 해독제를 찾기를 바란다.

'만들어진 나'로
존재하고 있진 않은가

'나는 누구인가'는 인간이 살아가면서 반드시 직면하게 되는 질문이다. 많은 사람이 자신이 그려놓은 이상형과 실재하는 자신의 모습을 혼동한다. 그래서 내가 누구인지, 나는 어떤 사람인지, 내가 원하는 것이 무엇인지에 진지하게 고민하지 않다가 어느 순간 절망과 우울에 빠지기도 한다.

사람은 누구나 '기질'을 가지고 태어난다. 기질이란 유전적인 것으로 생후 1년간 보이는 특성이고 이러한 기질과 환경을 근간으로 '성격'이 형성된다. 즉, 기질은 고정불변이고, 성격은 변화 가능하다. TCI temperament and character inventory 검사(기질 및 성격 검사)를 하면 자신의 기질과 성격을 알 수 있는데, 자신의 기질이 잘 보존되었을 때 혹은 그렇지 못했을 때 나타나는 성격적 특징에 대해서도 알 수 있다. 세모에게 네모가 되라는 것, 네모를 향해 동그라미가 되라는 것 자체가 가혹하기 짝이 없다. 타고난 기질적 특성을 그대로 간직하지 못한 채 부모의 양육태도와 환경에 의해 전혀 다른 성격적 특성을 갖게 된다면, 자신이 누구인지 계속해서 의문을 품고서 방황할 수밖에 없다.

인본주의 심리학의 대표적인 학자인 칼 로저스 Carl Rogers 는 개인이 품고 있는 자기 자신에 대한 관념이 중요하다고 보았는데, 이를 '자기 개념self-concept'이라 불렀다. 칼 로저스에 따르면 자기란 사람들이 스스로에 대해 갖고 있는 조직적이고 지속적인 인식을 말하며 성격구조의 중심이다. 한마디로 자기란 주변 환경에 의해 형성된 자신에 대한 생각과 평가, 태도이다. 이러한 자기가 건강하게 발달한 사람은 경험에 개방적일 뿐만 아니라 자신의 감정을 수용하며, 과거에 얽매이지 않고 현재를 충실히 살아간다. 하지만 현실적인 자기와 이상적인 자기 사이의 이미지가 일치하지 않으면, 그 사이에서 갈등을 빚고, 열등감, 피해의식, 비교의식 속에서 불행감을 느낄 수 있다. 더 나아가서 우울증으로 발전하는 토대가 되기도 한다.

컬럼비아대학교의 토리 히긴스Tori Higgins 교수는 이를 '자기 불일치 이론self-discrepancy theory'으로 설명했다. 그는 누구나 '실제 자기actual self', '이상적 자기ideal self', '당위적 자기ought self'를 가지고 있다고 말한다. 이 세 가지 자기 사이에 불일치를 느낄 때 불편한 정서를 경험하게 되고, 이때의 기준은 '실제 자기'이다. '실제 자기'가 '이상적 자기'와 일치하지 않을 때는 우울, 낙담, 불만족, 슬픔을 느끼고, '실제 자기'가 '당위적 자기'와 일치하지 않을 때는 불안해지고 쉽게 동요된다. 자기 모습 중 어느 하나에 너무 집중하거나 집착하면, 불편한 감정을 경험할 수 있다. '당위적 자기'가 너무 중요해서 그 모습에 집착하면 그와 다른 자기 모습에 쉽게 죄책감을 느낀다. 따라서 자기와 자기 사이의 차이가 크지 않을수록 건강한 자존감이 생긴다.

이처럼 현실의 나와 이상의 나가 불일치하게 된 원인은 무엇일까. 가끔 부모는 아이에게 조건적으로 가치를 부여한다. 부모에게도 이상적인 자녀상이 있기 때문이다. 조건적 가치를 부여한다는 것은 조건적 관심을 보인다는 뜻이다. 아이들은 보통 부모에 대한 충성심이 있기 때문에 부모의 기대에 부응하기 위해 애쓰고 부모에게 인정받기 위해 자신의 경험을 회피하거나 부정한다. 즉, 부모의 기준에 부합하지 않으면 나쁜 아이로 낙인찍혀서 부모의 관심을 받지 못할지도 모른다는 두려움 때문에 자신을 왜곡하거나 부정하게 되는 것이다. 이는 모두 생존에 대한 욕구이자 본능으로부터 발동한다. 아이는 혼자 자랄 수 없는 연약한 존재이기 때문에 부모의 기대에 부응해야 생존할 수 있음을 무의식적으로 느낀다. 따라서 부모의 가치와 양육태도에 따라 아이는 부모의 가치를 자신의 가치로 내면화하고 부모에게 받아들여질 수 있는 가치만을 추구하게 된다.

요즘 발달한 각종 SNS를 보자. SNS는 더 이상 관계를 맺고 소통하기 위한 수단이 아니다. 여기에는 '나'가 과잉되어 드러난다. 나의 활동과 생각을 시시각각 일방적으로 쏟아낸다. 그중 인기 있는 사람은 '좋아요'도 많이 받고 팔로어도 늘어나겠지만, 시각적으로 보여줄 것이 없거나 기사화되지 못한 나는 묻히고야 만다. 끊임없이 열등감을 확인할 수밖에 없는 구조이다. 무엇보다 소셜미디어에는 '그런 척'이 넘쳐난다. 나를 다른 사람으로 꾸미기에 가장 적당한 공간이며 내가 상품화되는 곳이기에, '진짜 나'가 아니라 '만들어진 나'로 존재하기 쉽다.

우리는 늘 타인에게 인정받고 싶어 한다. 자신에 대한 확신이 없는 사람일수록 타인의 인정을 갈망한다. 오늘날은 그런 인정이 주로 SNS를 통해 이루어지는데, 몇 컷의 사진과 글로 자신을 드러내야 하기에 최대한 아름답게 포장하려 애쓴다. 그렇게 열등한 자아는 감춰지고, 가장 우월한 자아를 드러내거나 혹은 가장 이상적인 자아를 의식적으로 만들어낸다. 결국 약한 자아는 균열되고 붕괴하고야 만다.

혹시 지금 다른 사람의 가장 멋지게 포장된 사진을 보면서 자신과 비교하고, 상대의 모습을 부러워하고 있지는 않은가. 그 사람처럼 자신의 모습을 바꾸려고 노력하고 있지는 않나. 내가 원했던 삶은 이런 것이 아니었고, 저들의 삶이 내가 원했던 것이라고 믿으면서 말이다.

누구나 이상적인 자기 모습을 만들어놓고 그에 가까이 가기 위해 애쓴다. 하지만 그것은 외재적 강요 때문이거나 타인의 관심을 받기 위해서가 아니라 내재적 요인과 동기에 의한 것이어야 한다. 실제 자기와 이상적 자기를 잘 맞추는 것은 그 무엇보다 중요하다. 내적 불일치를 자각했다면 그에 대한 경각심을 갖고 나에 대한 불편한 감정과 부정적인 판단은 최대한 멀리하는 것이 좋다. 그러지 않으면 실제 자기와 이상적 자기 사이의 거리가 더 멀어지고 둘 사이가 더 악화되며, 결국 나는 더욱 우울해질 수밖에 없다.

나를 조금 더 객관적인 시각으로 바라보는 능력을 키우기 위해서는 내가 누구인지, 무엇을 좋아하고 싫어하는지, 어떤 기질과 성격인지 분석해보는 시간을 가져야 한다. 그리고 내가 희망하는 모습에 성급히 달려드는 것이 아니라 한 발짝씩 다가가야 한다. 그동안 외부의 요구에 맞춰 나를 만들었다면 이제는 나로 인한, 나를 위한 자기의 DIY를 시도해보는 것은 어떨까.

1장. 감정을 억압하는 사회

'남자다움'이라는 덫에 갇히다

감정코칭 수업을 진행하다가 남성들로부터 공통적으로 들은 이야기가 있다. 남자들 세계에서는 서로의 감정을 공유하지 않는다는 거다. 여성들이 많이 모여 있는 곳에 가면 남성들도 자신의 감정을 이야기하지만 남자들만 모였을 때는 그런 얘기를 거의 하지 않는다고 한다. 이 말을 듣고 나는 놀라움을 금치 못했다. 남자끼리 나누는 우정의 근본은 대체 무엇인지, 그 우정을 어떤 식으로 해석해야 할지 어리둥절하기만 했다.

　　이유를 물어보았다. 남자들 사이에서 감정을 보이지 않는 이유는 자칫 자신이 약해 보일 수 있어서라고 한다. 남성의 세계는 힘의 논리가 작용하는 곳이고, 어린 시절부터 누가 울면 운다고 놀리거나 약하게 보고 괴롭힐 수 있는 곳이었다. 어렸을 때부터 체득한 이러한 힘의 논리 때문에 어른이 되어서도 쉽게 자신의 감정을 발설하지 못하는 것이다. 약자로 보이기 시작하면 무수한 불이익과 불편을 감수해야 하는 상황이 닥칠 테니. 그렇게 되기까지 그들이 얼마나 힘든 모험과 고난을 겪었을지 짐작하고도 남는다.

　　어떤 이가 물었다. 만약 남자친구나 남편이 바퀴벌레를 보고 무서워서 겁에 질리거나 소리를 지르면 남자답지 않다고 여기지 않겠느냐고. 하지만 많은 여성은 이해할 수 있다고 답했다. 남자도 사람이니 바퀴벌레를 싫어하고 무서워할 수 있다는 반응이었다. 그는 더 나아가서 물었다. 만약 남자가 슬퍼서 울어도 지질해 보이지 않겠느냐고. 여성들은 지질해 보이거나 못나 보이기보다 더 인간적으로 보이고 감싸주고 싶다고 했다. 그는 의외라는 표정을 지었다. 진짜 그럴 수 있을까 미심쩍어 고개를 갸우뚱거렸다. 작은 일에 감정을 드러내는 것, 특히 두려움이나 무서움을 표현하는 것을 남성들 사회에서는 본 적이 없기에 여성들이 아무리 괜찮다고 해도 진심인지 의심스러워했다.

남자아이는 청소년기에 접어들면서 감정처리 방식이 많이 달라진다. 청소년의 뇌는 리모델링 중이라고 할 만큼 감정을 담당하는 변연계가 과도하게 작용하기 때문에 감정의 홍수에 휩싸이기 쉽다. 이런 과정에서 남학생들은 공격적인 행동으로 그들의 감정을 발산하거나 아무 말도 하지 않는 도피적 행동으로 감정을 숨기곤 한다. 이때의 감정처리 방식이 나중에도 그대로 고착될 수 있다.

게다가 남성적인 매력과 여성적인 매력에 대한 젠더 구별과 인식이 만연해서 여성이 여성다움에 억눌리는 것 못지않게 남성 또한 남성다움에 갇히고 만다. 직업 하나를 선택할 때도 남성이 여성보다 더 직업적 혼란을 많이 느낀다는 연구 결과가 있을 정도이다. 여성이 남성의 전유물로 여겨졌던 직업을 선택하면 보통 환영을 받지만, 여성이 많이 종사하는 직업군을 남성이 선택하려 하면 주변에서 말리거나 거부하는 반응이 심심치 않게 연출되기 때문이다. 예를 들면 여성이 군인이나 경찰이 된다고 하면 드디어 남녀가 평등한 사회로 나아가고 있다며 반색을 하지만, 반대로 남성이 플로리스트가 되겠다거나 유치원 교사가 되겠다고 하면 부모부터 나서서 반대하는 경우가 많다. 이러한 맥락으로 사회와 사회 구성원은 남성에게 좀 더 엄격한 감정생활을 요구한다. 아무렇지 않게 남성의 감정에 좀 더 축소 지향적이 되거나 억압적이 되는 것이다.

남성이 감정생활에 있어 자유롭지 못한 이유 중 또 하나는, 감정과 행위를 구분하지 못해서이기도 하다. 울음은 행위이지 감정이 아니다. 슬퍼서 울 수도 있고, 기뻐서 울 수도 있고, 화가 나서 울 수도 있다. 울음이라는 행위를 다양한 상황과 접목하지 않고 허약한 자아의 통칭으로만 바라보기 때문에 남성이 우는 행위 자체를 터부시하는 것이다. 또한 감정을 내보이지 않는 데 익숙해져왔기 때문에 어떤 식으로 감정을

1장. 감정을 억압하는 사회

해소할 수 있는지도 잘 모른다. 그래서 남성은 자기개방성이 낮고 감정 표현에 서툴 수밖에 없다. 마음이 아파도 상담소나 정신과를 찾는 것을 수치스러워하고, 참을 수 있는 데까지 참다가 병을 더 크게 키우는 경우가 허다하다.

그런데, 다시 한번 생각해보라. 내가 감정을 표현해서 타인으로부터 질책과 공격과 무시를 당했던 적이 실제로 많았는지. 감정을 보이면 약자 취급을 받을 거라는 인식에서 비롯된 두려움은 아니었는지. 대체로는 학습된 두려움이 문제였지, 실제로 겪었던 두려움은 아닌 경우가 많다. 감정을 말하지 않는 것이 남성 세계의 암묵적 합의와 동의인데, 감정을 표현하면 어떤 결과가 발생하는지 도대체 언제 실험할 기회를 가질 수 있었겠는가.

육체적인 힘이 약해서, 사회적인 능력이 출중하지 못해서 폭력에 노출되거나 모멸감의 대상이 된 적은 많았어도 우울감이나 열등감, 슬픔과 외로움을 표현해서 그런 상태에 놓인 적은 많지 않았을지 모른다. 그저 어린 시절에 놀림을 당했으니 어른이 된 후에도 그런 상황이 일어날 것만 같은 예감이 들었거나 어찌 될지 가늠할 수 없는 미지의 상태에 머물렀을 뿐이다.

여성에게 여성성을 강요하는 것이 폭력이라면 남성에게 남성성을 강요하는 것 역시 폭력이다. 전통적인 남성성은 용기, 독립성, 자기주장성, 폭력성 등으로 대변되었다. 폭력성과 거친 속성만이 허락된다면 그건 한 개인을 얼마나 결핍한 존재로 만들까. 이미 많은 남성이 결핍된 내면세계를 마주하고 있지 않나. 우리는 선택해야 한다. 인간으로 살지, 하나의 강요된 성으로만 살지.

남자가 우는 것은 수치스러운 일이 아니다. 인간이 우는 것이 수치스러운 것이 아니듯이. 남자도 울어도 된다. 두려움이나 공포를 느껴야 위험한 상황으로부터 자신뿐만 아니라 가족을 지킬 수 있다. 남성에게 분노 표현만 허락된다면 이는 남성을 더 열등한 존재로 만들 뿐이다.

남자다움, 남성스러움과 거리가 멀다고 놀림당하고 무시당하지 않기 위해 감정의 허세를 부리다가는 곧 자기경멸과 타인의 경멸을 낳을 수 있음을 기억해야 한다. 남성성의 악순환을 아이들에게 물려줘서도 안 되며 지금 그 굴레에서 쳇바퀴를 돌고 있는 자신도 어서 탈출시켜야 한다. 우리에게 내재된 어떠한 인간적 본성도 지연되거나 굴절될 수는 있어도 결코 제거될 수는 없기에.

긍정주의가 심어놓은 환상

《시크릿》 등의 책이 무수히 팔리면서 '끌어당김의 법칙', '우주도 내가 원하는 것을 원한다' 등의 말이 여기저기서 나돌았다. 누군가는 매일 긍정 확언을 하고 자기가 원하는 것을 100번씩 노트에 적으라는 말도 했다. 그런데 우주가 내 성공에 무슨 관심이 있어 주문과도 같은 혼잣말을 들어준단 말인가. 이는 긍정이 아니라 자기 환상이며 맹신에 불과하다. 나중에 《시크릿》 저자를 비롯한 다수의 사람이 단순히 원하는 걸 빌었기 때문에 성공을 거둔 건 아니고 책에는 중간 과정을 모두 생략했음을 고백했다는 것은 세상에 제대로 알려지지도 않았다.

누군가 특정 단어를 부르짖는다면 그들에게 바로 그것이 결핍되어 있을 가능성이 크다. 배신을 일삼는 사람이 유독 말끝마다 의리를 강조한다거나, 혐오를 드러내거나 불의한 사람이 사랑과 정의를 유독 강조하는 식으로 말이다.

실컷 힘든 이야기를 하다가도 긍정을 들먹이며 "긍정적으로 생각하자", "긍정이 답이야", "긍정적으로 생각하면 모든 게 잘될 거야"라고 이야기를 끝맺는 사람에게는 긍정적으로 생각하지 않으면 상황이 더 악화될 수 있다는 불안 내지 긍정 강박이 있을 가능성이 크다. 그도 아니면 자신의 긍정적인 이미지를 의식해서거나. 부정적 이야기를 계속해서 했으니 마지

막에는 그를 상쇄하고 덮을 긍정적 메시지가 필요한 것이다.

왜 그렇게 자기 자신에게 애써 강조하고 주입하면서까지 긍정이 필요한가. 긍정이 모든 것을 해결해줄 거라고 진짜 믿어서라기보다는 그래도 버텨야 한다는 자기암시와 자기최면이 활발히 작동해서이다. 그에겐 긍정이 다른 무엇보다 절실한 상황이다. 현재 긍정의 힘과 메시지가 다른 무엇보다 크게 영향을 미치고 있으며, 오히려 긍정에 대한 결핍을 자주 경험하기 때문이다. 가진 게 없을수록 과장하고 갖지 못한 것을 더욱 욕망하게 되는 법이다.

사람들은 꽤 자주 '긍정심리학'과 '긍정주의'를 같은 것으로 오인한다. 심리학 전공자조차 이 둘을 오해할 때가 있고 심지어 요즘은 긍정심리학조차도 긍정주의의 선을 넘어 너무 멀리까지 갔다는 비판을 면치 못하고 있다. '긍정심리학'은 인간의 긍정적 측면이 어떤 식으로 개인에게 영향을 미치는지 과학적으로 밝히려는 학문이다. 긍정과 부정을 모두 인정하고 둘의 균형을 추구한다. 그에 반해 '긍정주의'는 긍정적 생각이 모든 것을 가능하게 한다는 긍정 만능의 의식으로 부정을 부정한 채 오직 긍정만 긍정한다. 또한 긍정심리학에서는 최악의 상황을 염두에 두는 방어적 비관주의나 우울한 현실주의도 인정하지만, 긍정주의는 비관주의를 무조건 나쁘게만 보면서 비현실적인 낙관주의만을 추구한다. 서구 심리학계에서도 긍정 만능주의를 폐기한 지 이미 오래다. 긍정의 힘만을 외치는 것은 심리학적 메시지가 아닌 형편없는 유사과학일 뿐이다.

긍정의 진짜 뜻은 '있는 그대로 인정하고 받아들인다'이다. 그런데 동기부여가 혹은 자기계발 작가들이 '노오력'을 지나치게 강조하는 노력 드립이나 의지력 드립을 합리화하기 위해 긍정을 주로 주장해온 결과 우리는 긍정의 의미를 오해하게 되었다. 또한 긍정주의는 개인의 모든 성패를 사회의 구조적 모순이나 제도가 아닌 개인의 몫으로 떠넘기고자 하는 신자유주의의 음모와 모순을 옹호하는 역할을 했다. 아닌 게 아니라, 사회의 부와 혜택이 상위 몇 프로에만 몰리는데도 다른 사람들은 그저 무기력하게 멀뚱멀뚱 구경만 하지 않았나. 긍정주의가 이러한 현상에 정당성을 부여한 탓이다. 내가 가진 모든 것이 나의 노력과 긍정적 생각에서 기인한다면, 나의 가난에도, 몹쓸 부모에게도, 국가 제도의 부조리와 사회적 모순에도, 어떠한 책임도 물을 수 없게 된다. 그렇기에 우리는 긍정주의 내지는 긍정 만능주의를 경계해야만 한다.

카를 구스타프 융Carl Gustav Jung은 "사람은 빛의 모습을 추구한다고 밝아지지 않는다. 어둠을 의식화해야 밝아진다"라고 말했다. 어둠을 의식하지 못한 빛은 진정한 빛이 될 수 없다. 참된 긍정은 밝은 면과 어두운 면을 함께 보는 것이다. 긍정만을 인정하거나 긍정만을 자꾸 떠올리려고 노력하는 사람은 오히려 부정적인 사람보다 부정을 더 자주 또 많이 생각하는 경향이 있다. 긍정이라는 단어가 머릿속에 찍히는 동시에 부정이 따라와 부정이 강화되는 것이다. 이를 심리학에서는 '대조 효과' 혹은 '상호주의 효과'라고 부른다.

우리에겐 부정적 감정과 부정적 생각도 필요하다. 부정적 감정은 자아를 지키는 기제로 작용하며, 부정적 생각과 판단은 대안을 만든다. 부정의 상황을 제대로 부정적으로 인식해야 이를 다시 긍정의 상황으로 전환할 수도 있고, 내가 어느 정도 노력을 기울일지, 어떠한 계획을 세울지 결정할 수 있다. 그래야 결과와 상황이 좋지 않더라도 모든 것을 자신의 탓으로 돌리지 않을 수 있다. 긍정주의는 모든 책임을 '나'로 귀결시킨다. 나의 심적 상태를 큰 변수로 취급한다. 상황이 잘되면 내가 잘나서, 내가 잘해서라는 자신감을 가질 수 있지만, 똑같은 맥락에서 상황이 잘못되면 내가 못나서라며 자신을 탓할 수 있다. 모든 일이 다 잘될 가능성은 희박하니 긍정적 신념이 없는 사람보다 자신을 탓할 경우의 수도 더 많아진다.

실제로 부정적 감정과 생각이 많아서 힘든 사람보다, 부정적인 회로가 아예 작동하지 않아서 무감하거나, 모든 문제가 나에게 도움이 되었다고 합리화하거나, 차오르는 화와 분노를 억눌러서 마음의 병을 앓는 사람이 더 많다. '아니요'를 자신 있게 외치는 사람과 '아니요'를 말하지 못하는 사람 중 누가 더 아플지는 충분히 예측할 수 있지 않은가. 호구가 되거나 뒤통수를 맞거나 배신당하는 사람들도 긍정적인 사람들이다. 단 한 번이라도 저 사람이 나쁜 사람이고, 사람이 나쁘지 않더라도 상황이 불리하고 부정적으로 돌아갈 수 있음을 의심하지 못한 긍정주의자는 자신을 지킬 수 없다. 타인을 쉽게 믿는 사람이 돈도 떼먹히고 배신당하고 상처 입는다.

아이에게 부정과 긍정에 대해 교육할 때도 신중해야 하며, 그와 관련한 말을 할 때도 주의해야 한다. "너는 무조건 잘될 거야", "좋은 일만 일어날 거야", "반드시 성공할 거야" 등의 메시지를 아이에게 주입하는 것은 결코 좋은 영향을 미치지 못한다. 이러한 메시지를 곧이곧대로 믿은 아이는 성공하기 위해 수단 방법을 가리지 않는 어른이 될 수 있으며, 잘되지 않았을 때는 자책하게 될 것이다. 그것이 나중에 부모에게 부메랑이 되어 돌아올 수도 있다. 가르침이 거짓이었음을 알았을 때의 실망과 분노, 원망은 그러한 믿음을 준 이에게 되돌아갈 수밖에 없다.

가끔 사람들은 부정적 감정과 생각이 불만과 불평으로 이어진다고 생각한다. 그 둘을 동일시하기도 한다. 하지만 전자는 감정과 생각이고, 후자는 행위이기 때문에 엄연히 다를 뿐만 아니라 동일선상에서 연쇄적으로 발생하지도 않는다. 내가 부정적이고 비관적인 사람으로 보일까 봐 애써 자신을 긍정적인 모습으로 연출하는 사람은 불만을 표현했을 때 받을 비난과 외면을 걱정한다. 둘을 다른 것으로 해석한다면 부정적 감정에 휩싸이거나 부정적 생각을 하는 것에 대한 수치심과 죄책감에서 벗어날 수 있다.

그 모든 속박과 굴레로부터 인간은 자유로울 권리가 있다. 나 아닌 누군가의 신념과 의지가 우리의 것이 되어서는 안 된다. 긍정 역시도 그와 궤를 같이하는 주제이며, 함께 고민해야 하는 문제이다. 무조건적인 긍정은 존재의 의미에만 적용되는 것이지, 어떤 사건이나 문제에 대해서는 아닐 것이다. 우리 삶의 진정한 가치는 사실을 있는 그대로 인식하는 데서 비롯된다.

억눌린 감정 때문에
치러야 하는 대가

심리학자 마크 무레이븐^{Mark Muraven}과 로이 바우마이스터 Roy Baumeister는 "자아는 근육과 같다"고 주장한다. 운동장에서 뛰면 다리 근육이 당기는 것처럼 자아를 통제하면 에너지가 고갈될 수 있다. 자아는 근육과 마찬가지로 훈련으로 강화할 수 있고, 남용하면 피로해진다. 무언가를 억제하는 데는 특별한 노력이 요구되고, 이러한 노력에 지원되는 정신적 에너지와 우리 행동을 조절하고 통제하는 자아의 힘은 그 양이 한정되어 있다고 한다. 예를 들어, 내가 극단의 환경주의자라고 치자. 그런데 어느 날 일과 공부에 치여 파김치가 되어 밥을 먹을 힘조차 바닥난 상태로 집에 돌아왔다. 그런데 마침 재활용 쓰레기를 버리는 날이다. 쌓여 있는 쓰레기 더미에서 재활용품을 골라내다가 "아, 됐어. 관둬!" 하고선 모든 쓰레기를 그냥 쓰레기통에 던져버렸다. 이때의 내 상태를 설명할 수 있는 말이 '자아 고갈'이다. 자아 고갈은 '자아력이 여러 차례의 자기통제에 의해 고갈되는 상태'를 뜻한다.

두 심리학자는 실험을 통해 이를 증명한다. 실험 참가자에게 동물들이 죽어가는 장면이 담긴 자연재해에 관한 영화를 시청하게 했다. 그리고 첫 번째 집단에는 감정을 억누르라고 지시했고, 두 번째 집단에는 감정을 증폭시키거나 과장할 것을 지시했다. 그리고 세 번째 집단에는 감정을 조절하라는 지시를 하지 않았다. 그 후 참가자들에게 악력기를 쥐고 버틸 것을 요청한 결과, 지시를 받지 않은 집단에 비해 억제 및 증폭의 지시를 받은 집단이 악력기를 쥐고 버티는 시간이 짧았다. 실험은 감정 통제와 실제적 행동 통제가 다름에도 서로 영향을 미치며, 제한된 양의 에너지를 소모한다는 것을 보여준다. 즉, 감정을 통제하는 데 에너지를 다 써서 육체적 힘을 쓸 수 없었다는 것이다.

이들은 다른 연구를 통해 자아 고갈이 왜 위험한지를 설명한다. 일부 참가자에게는 생각을 억제하라고 주문했고, 다른 참가자들에겐 하지 않았다. 그런 다음 참가자들에게 맥주를 시음한 뒤에 운전 테스트를 하도록 요청했다. 참가자들은 맥주를 마신 다음 운전 테스트를 한다는 것을 미리 알았으므로 맥주 양을 조절하려고 했을 것이다. 그런데 생각의 통제를 요구받았던 사람들은 그렇지 않은 사람들에 비해 맥주를 더 많이 마셨다. 통제로 인해 자아의 힘이 고갈되고 이렇게 고갈된 자아의 힘이 자기조절력을 떨어뜨린다는 것을 보여준 실험이다.

이는 생물학적 메커니즘으로도 설명할 수 있다. 우리가 자기조절을 시도할 때에는 전전두엽의 연료인 포도당이 사용된다. 혈액 속 포도당이 고갈되면 말 그대로 에너지가 떨어져

　　　　　　　　1장. 감정을 억압하는 사회

온몸에 힘이 빠진다. 한마디로 정신적 노동이 몸의 에너지를 빼앗는 것이다.

남의 눈을 의식해서, 품위를 유지하기 위해서, 누가 그게 옳다고 말해서 등등 우리는 여러 가지 이유로 애써 감정을 억누른다. 그렇게 억눌린 감정은 자아뿐만 아니라 육체적 힘도 고갈시킨다. 만약 지금 내가 너무 무기력하고, 아무것도 하기 싫고, 작은 일에도 걸핏하면 짜증이 밀려오고 화가 난다면 그건 그동안 나를 너무 꾸깃꾸깃 구겨왔거나, 누군가가 자꾸만 참으라고 했기 때문이다.

직장에서 어떤 제안을 했는데 누군가 그건 들어볼 필요도 없다며 내 의견을 외면할 때, 누가 내 뒷담화를 일삼고 이상한 헛소문을 퍼뜨리면서 지속적으로 나를 괴롭힐 때, 모르는 것을 물어봤는데 친구가 그것도 모르느냐고 업신여길 때, 로맨틱한 데이트를 떠올리며 나간 데이트 자리에서 남자친구가 별안간 이별을 통보했을 때에는 억누른다고 해서 감정을 성공적으로 참아낼 수 없다. 일시적으로 생긴 감정을 직접적으로 통제한다고 해서 우리를 지배하는 정서까지 통제할 수 있는 것도 아니다. 아직도 어떤 사건을 떠올리면 '내가 왜 그때 제대로 말하지 못했을까', '내가 왜 바보같이 계속 참았을까' 싶어서 잠드는 순간에도 잊히지 않고 자다가도 벌떡 일어난다면, 그만큼 자기조절을 해야 한다는 부담 때문에 그 순간에 감정을 참았다는 뜻이고, 여전히 자신도 모르게 에너지를 소비하고 있다는 의미다.

그래도 다행스럽게도 우리의 자아력은 훈련으로 키우거나 다시 충전할 수 있다. 스탠퍼드대학교의 제임스 그로스 James Gross 교수는 정서 억제의 대안적 방법으로 '인지적 재평가'를 제안했다. 즉, 감정은 억압하지 않고 그대로 두는 대신 상황에 대한 생각과 해석을 달리하라는 것이다. 앞선 연구에서 영화를 보면서 감정을 억제하거나 증폭하는 대신 영화는 실제가 아니라 단지 꾸며낸 것에 불과하다는 생각을 하는 식이다. 만약 느닷없이 남자친구에게 차였다면 잠시 양해를 구하고 화장실에 가서 시간을 갖는다. 그리고 그의 사랑스러웠던 모습 대신에 꼴 보기 싫었거나 더러운 습관을 떠올린다. 그와 헤어지면 안 되는 이유보다 헤어져도 될 타당한 이유를 생각하다 보면 이별이 내게 괴로움이라기보다 축복으로 다가올 수도 있다.

이는 일면 자기합리화처럼 보일 수도 있으나 과도한 내적 집중에서 벗어나게 해준다는 데 의미가 있다. 인지적 재평가를 하지 않으면 '어떻게 사랑이 변할 수 있지?', '도대체 내가 무슨 잘못을 저질렀기에 이런 일이 생긴 거지?', '그를 다

1장. 감정을 억압하는 사회

시 돌아오게 할 방법은 뭐지?', '나는 역시 사랑받을 만한 자격이 없는 건가?' 등의 생각을 하게 되고 그러면 깊은 우울의 늪으로 서서히 침전하게 될 것이다. 이러한 악순환은 사랑뿐 아니라 일이나 다른 영역에서도 나타나곤 한다.

무엇보다 자기조절을 할 수 있다는 생각 자체에 한계가 있음을 인정해야 한다. 그리고 자기조절의 고집을 과감하게 버려야 한다. 자아가 고갈된 사람은 슬픔에 더 크게 반응하는 등 극단적인 감정에 휩싸인다. 자아 고갈은 욕구에 집착하게 하고, 욕구에 대한 저항력도 저하시킨다. 물건을 파는 기업 입장에서는 이처럼 자아가 고갈된 사람들이 반가울 것이다. 자제력이 떨어진 데다 거대해진 욕구만 가진 사람은 소비의 유혹을 떨치지 못하고 지갑을 열 테니 말이다. 인내하고 또 인내하다 지쳐 필요하지도 않은 물건을 잔뜩 사서 쌓아놓는 사람들은 실은 마음이 아프고 지친 이들이다.

다른 사람과 다투거나 논쟁하고 싶지 않아서 그냥 피하고 말자, 내가 참고 말자 다짐해왔을 것이다. 적극적으로 대처하자니 감정을 더 소비하고 더 힘들 것 같아서 피하고 말았을 것이다. 하지만 내 안에서는, 나의 뇌에서는 내가 참는 만큼 엄청난 에너지가 소비되고 있다. 물론 털끝 하나 남지 않을 때까지 모든 것을 폭발시키는 데도 에너지가 쓰일 테니, 우리의 한정된 자원을 어떻게 하면 효율적으로 사용할 수 있을지에 대해 고민하는 것이 좋다. 이제는 무조건 참는 대신 자신을 조금씩 표현하는 방법을 찾아 나서고 터득해야 한다. 그래야 자아가 고갈되는 것을 막을 수 있다.

1장. 감정을 억압하는 사회

고생 끝에 낙이 온다는
달콤한 거짓말

'고진감래^{苦盡甘來}'라는 말이 있다. '쓴 것이 다하면 단것이 온다, 고생 끝에 낙이 온다' 등의 뜻이다. 우리는 흔히 힘든 일을 겪고 있는 사람에게 그래도 희망을 가지라며 이러한 위로의 말을 건네곤 한다. 정작 힘든 사람에겐 아무런 위로가 되지 않는다는 것도 모른 채. 지금 힘들어 죽겠는 사람에게 언젠간 좋아질 거라고 말한다면 이는 충분히 아파하거나 슬퍼하지 말라는 압박이 될 수 있으며, 힘든 상황에 전혀 공감하지 않는 태도로 보일 수 있다. 또 실제로 나쁜 일이 지나가고 반드시 좋은 일이 오리라는 보장도 없고 말이다.

그렇다면 심리학적으로는 어떨까. 흔히들 '아픈 만큼 성숙해진다'며 고통이 주는 의미를 찾으려고 하는데, 고통과 고생이 정말 우리를 성숙하게 하는 걸까. 우리는 보통 경험의 총합으로 만들어진 것이 '나'라고 믿기에, 고통을 잘 이겨낸 사람, 고생을 많이 해서 정상에 오른 사람을 우러러보는 경향이 있다. 그래서 정치인을 뽑을 때도 그런 사람을 뽑으려고 한다. 가난했던 사람이 가난한 사람을 더 잘 대변할 것만 같고, 같은 어려움을 겪었던 사람이 내 문제를 해결해주지 않을까 기대한다.

하지만 억울한 일을 당해본 사람이 누구보다 억울한 사람의 처지를 이해하고 배려할 것 같겠지만 오히려 더 이기적인 모습을 보인다는 연구 결과가 있다. 코넬대학교의 에밀리 지텍Emily Zitek 교수는 사람들에게 자신이 경험했던 억울한 일을 떠올려보게 했더니 세상에서 자기가 제일 억울하고 불쌍한 사람이라는 피해의식이 커지고 그 결과 다른 사람은 몰라도 자기는 더 이상 희생할 수 없다고 하는 등 이기심이 점점 더 커지는 모습을 보였다고 보고했다.

〈성격 및 사회심리학회지Journal of Personality and Social Psychology〉에 실린 한 연구에서는 특정한 사건을 겪지 않은 사람에 비해 이미 겪어본 사람이 같은 일로 힘들어하는 사람을 더 경멸하는 태도를 보인다고 밝혔다. 구직의 어려움을 겪었던 사람이 구직에 실패한 사람을 보며 나약하고 한심하다고 이야기하는 경향을 보였으며, 과거에 따돌림을 당했던 사람이 따돌림당하는 사람의 고통을 가장 대수롭지 않게 여기기도 했다.

뇌신경 심리학자 이안 로버트슨Ian Robertson은 사람이 권력을 가지면 뇌 구조가 '승자의 뇌'로 변한다고 주장했다. 고생을 이미 지나온 사람은 지금 고생을 겪고 있는 사람을 결코 이해할 수 없다는 것이다.

그렇다면 이들의 고생 끝에는 어떤 낙이 있을까. 본인은 이루어낸 것을 아직도 겪고 있는 이를 보며 무시하고 깔보는 것이 그들의 낙이라면 그들이 진정 아픈 만큼 성숙했다고 말할 수 있을까? '낙'이란 애초에 남들을 짓밟는 승자의 위치에 오를 수 있다는 뜻이었을까? 그도 아니면 개인적으로 겪는 고생이 사람을 꼬이게 할 뿐, 고생 이상의 어떠한 가치도 없다는 것을 방증하는 것은 아닐까?

다른 관점으로 문제를 들여다보자. 지금 이 고생이 지나가면 좋은 날이 오리라고 기대하는 데에는 분명한 이익이 있을까? 유대인 포로수용소에서 지금이 지나면 반드시 좋은 날이 올 거라고 믿었던 포로가 더 일찍 죽었고, 비극을 비극으로 그냥 받아들인 사람이 더 많이 살아남았다는 이야기가 있다. 그리고 고진감래를 믿었던 사람들이 이후 수용소 밖의 삶에 더 분노했다고 한다. 실제로 기대했던 삶이 주어지지 않을 때 극도의 분노와 절망감을 느꼈다는 것이다. 그전에도 파라다이스가 아니었는데 수용소에서 나온다고 해서 갑자기 삶이 파라다이스로 변할 거라는 기대는 처음부터 이루어지지 못할 꿈이 아니었던가.

우리는 대학만 가면 황금빛 인생이 펼쳐질 거라는 말을 믿고 치열하게 공부'만' 했다. 대학만 가면 날씬해지고, 꿈에 그리던 연애를 할 수 있고, 자유롭게 살 수 있다는 말을 믿었다. 그런데 그러한 인생이 진짜 펼쳐졌었나. 대2병만 난무하지 않았나. 대학만 가면 낭만적인 꽃바람이 불 줄 알았는데 실상은 학생도 지식인도 아닌 취업준비생으로 전락해 고작 이것이 내가 꿈꾸던 인생인가 싶어 캠퍼스를 방황하는 애처로운 대2병 학생이 되지 않았나.

사회심리학자 레온 페스팅거Leon Festinger는 '인지부조화 이론cognitive dissonance theory'에서 '사람은 그들이 고통받는 것을 믿고 사랑하게 된다'는 하나의 통찰을 이끌어냈다. 고통, 불편한 경험, 괴로움 등을 포함하는 일련의 행동을 선택할 때, 우리는 그 선택의 대가로 인해 부조화를 경험한다. 보통은 그 행동을 철회하거나 바꿀 수 없기에 지금 받고 있는 고통이 그래도 가치 있다고 스스로에게 확신시킴으로써 부조화를 줄이려는 노력을 기울인다. 이러한 현상을 '노력 정당화 효과effort justification effect'라고 한다.

고진감래라는 말도 여기서 비롯되었다. 현실에서 벗어날 수 없고, 고생도 피할 수 없으니 지금의 고통이 꽤 가치 있다고 확신해야지만 지금을 견딜 수 있는 것이다. 어떠한 불의에도 정의를 구하지 말라거나, 어떠한 위험에도 낙관하지 말라는 이야기가 아니다. 고통 자체가 무가치하다는 말은 더더욱 아니다. 우리는 고통에서 분명 교훈을 얻을 수 있다. 하지만 고통에서 교훈과 희망을 찾는 게 아니라 고통 자체가 보상이 될 거라는 기대를 섣불리 하지 말라는 이야기이다.

내가 어떠한 노력을 기울였다고 해서, 모두가 그 노력을 인정해주지는 않는다. 다른 것에 눈 돌리지 않고 오직 공부만 열심히 했어도 시험에 실패할 수 있다. 고진한다고 해서 꼭 감래하지는 않는다. 그렇기에 옆에 있는 행복의 작은 조각들을 슬쩍슬쩍 봐야만 한다. 큰 행복을 위해 작은 행복을 희생하면서 고통을 키우는 이상한 방법으로 미래의 달콤함만을 좇지 말아야 한다.

'그래서 오래오래 행복하게 살았습니다'라는 모든 동화의 결말이 우리 삶에 그대로 적용될 거라는 과장된 기대감을 갖는 순간, 지금 이 순간의 희생은 당연해지고 그 정도의 노력은 노력도 아닌 것이 되기 십상이다. 그러니 남의 고생은 쉽게 우스워진다. 고생을 무작정 참는 순간, 참지 않는 누군가의 힘든 감정은 그저 하소연이고 징징거림일 뿐이다.

힘들 땐 좋은 일이 있을 거라며 웃기보다, 힘들면 힘들다고 말할 때 덜 힘든 일이 될 수 있다. 최소한 누구 한 명은 나와 함께 울어줄지도 모르니.

감정은 이성보다 열등하지 않다

흔히 이성적인 사람을 칭송하고, 감정적인 사람을 폄하한다. 이성이 지배하는 사회는 공정하고, 감정에 흔들리는 사회는 위험하다. 심지어 온 나라에 전염병이 돌아도 불안해하지 말라고 말한다. 불안해하는 사람은 못난 사람으로, 평온한 사람은 어른다운 사람으로 묘사되기도 한다. 하지만 위기 앞에서 불안해하지 않는 것은 무지해서이거나 둔감해서는 아닐까.

이성은 고등하고 감정은 열등하며, 감정이 이성의 지배를 받아야 한다는 판단 아래, 이성을 개발하고 감정을 죽이는 작업이 공공연하게 행해졌다. 감정은 이성적 판단에 방해가 된다고 믿으며 감정적인 사람에게 이성적일 것을 요구하곤 했다.

그러나 이성은 사회를 안정되게 하고 감정은 사회를 혼란하게 한다는 믿음과 달리, 슬픔은 사람들을 보다 주의 깊게 만들고, 분노는 사회의 그릇된 현상을 바로잡으려는 노력과 잘못된 부분을 개선하여 더 나은 사회로 만들기 위한 합심을 이끌어낸다. 우울감은 나를 더욱더 잘 보살피라는 신호이며, 비탄은 치유의 시작을 의미한다. 그러니 감정이 열등하거나 불필요하다는 판단은 섣부르다. 뇌과학과 심리학의 많은 연구도 감정이 이성의 방해요소나 열등한 것이 아니라 중요한 일부라고 말하고 있다.

정서치료에서는 정보를 재빠르게 처리하기 위해 감정이 탄생했다고 본다. 감정이 있기에 좋아하는 것을 좀 더 신뢰하고 혐오스러운 것에 주의를 덜 기울이게 된다. 감정에 우선권과 시간을 할당할 때 효율적으로 정보를 처리하게 되는 것이다. 그리고 그렇게 처리된 정보로 의사결정을 하고 선택을 한다. 좋아하는 감정은 '믿을 수 있고 이로운', 싫어하는 감정은 '해로운'이라는 정보를 담고 있고, 분노는 '보호해야 하는', 슬픔은 '잃어버린 대상을 찾아야 하는'과 같은 행동 지시를 담고 있다고 한다. 즉, 감정은 쏟아지는 정보를 걸러내고 선택하게 도와준다. 또한 어떤 정보가 중요한지, 상관성이 있는지, 설득력이 있는지, 꼭 기억해야 하는지까지도 알려준다.

누군가가 음식을 먹고 엄청나게 고통스럽거나 혐오스러운 표정을 짓는 등의 반응을 보이면, 우리는 굳이 그 음식을 먹어보지 않아도 인지의 과정을 절약할 수 있다. 그리고 누군가가 어떤 사물이나 현상에 열광하는 것을 보면서 거기에 어떤 비밀과 가치가 있는지 알아보려는 마음이 생기기도 한다. 남의 감정 역시 시행착오를 덜어주고 판단 및 결정을 하는 데 정보로서 기능한다.

캘리포니아대학교 샌타바버라캠퍼스UCSB에서 실시한 한

연구에 따르면, 논쟁을 벌일 때 어떤 주장이 타당한지 또 어떤 주장이 부당한지 가려내는 능력은 적당히 감정적인 상태에서 더욱 날카로워진다고 한다. 감정은 우리의 생각 이상으로 똑똑하고, 협상 테이블에서도 유용한 전략임을 밝힌 것이다.

신경학자 안토니오 다마지오Antonio Damasio는 "감정과 기분은 사치가 아니며, 우리의 정신 상태를 다른 사람들에게 알릴 수 있는 방법이다. 감정과 기분은 우리가 결정을 내리는 데 도움이 되는 존재이다"라고 말했다. 그의 환자 엘리엇을 통해 이를 쉽게 알 수 있다. 엘리엇은 뇌종양 수술을 받으면서 감정적 정보를 다루는 뇌의 상당 부분(복내측 전전두피질)을 들어내야 했다. 수술 후에도 엘리엇은 높은 IQ를 유지했지만, 감정을 잃어버렸기 때문에 어떠한 결정도 내릴 수 없었고, 일의 경중조차도 판단할 수 없었다. 어떤 결정을 내려야 할 때 그는 수많은 이성적인 대응책을 생각할 수 있었다. 하지만 그것을 실감하지 못하여 어떤 것이 올바른지 판단하지 못했고, 그 중 하나를 선택할 수도 없었던 것이다. 우선순위조차도 결정하지 못했다. 다마지오는 오랜 관찰 끝에 그 원인을 '느끼지 않은 채 안다'는 데서 찾아냈다. 이성도 감정이 있을 때에야 비로소 제 역할을 수행할 수 있다는 것이다. 결국, 감정 없는 이성은 무력할 뿐이다.

일반적으로 뇌의 각 부위에는 각각 정해진 역할이 있다고 알려져 있다. 전두엽은 주로 이성과 판단, 계획 등의 역할을 담당하고 변연계는 동기와 정서의 역할을 담당한다. 그래서 전두엽은 고등의 기능, 변연계는 하등의 기능을 수행하는 것처럼 여겨졌다. 하지만 변연계의 대표 영역인 해마가 기억에서 결정적인 역할을 하고 편도체가 주의 집중이나 학습 같은 기능도 수행하는 것이 알려지면서 더 이상 뇌를 이성의 뇌와 감정의 뇌, 혹은 상위의 뇌와 하위의 뇌로 나누는 것이 무의미해졌다.

우리가 감정과 이성을 이분법적으로 바라보게 된 결정적인 이유는, 인간이 여타 동물과 달리 이성이라는 것을 갖고 있어서 고차원적인 사고와 판단을 할 수 있다는 결론에 이르렀기 때문이다. 문제해결이 중요시되고 경쟁에서 살아남는 것이 시급한 과제가 된 사회에서 오직 인지지능만이 중요시되었고, 정서지능을 비롯한 기타 기능은 무시되었다. 무엇보다 이성이 있는 것과 이성적인 것을 동일한 것으로 판단했다. 하지만 앞서 엘리엇의 사례에서 봤듯이 이성적 과정은 감각과 감정에서부터 출발해서 추상적인 사고로 진행된다. 엘리엇에게 이성은 있었지만, 그가 이성적일 수 없었던 이유는 출발선에 감정이 없었기 때문이다. 감정을 빼놓고 이성적이 된다는 말은 어불성설이다.

인간의 지능과 감정은 함께 진화했다. 감정과 이성이 일치할수록 몰입상태를 경험할 수 있다. 신경생리학적으로 교감과 부교감, 각성과 이완이 조화와 균형을 이루어야 한다는 뜻이다.

감정만 있는 인간도, 이성만 있는 인간도 지극히 불완전할 수밖에 없다. 이성을 돌봐온 만큼 감정을 돌볼 수 있다면 둘의 균형 속에서 우리는 더 조화로운 개인이 될 것이다.

1장. 감정을 억압하는 사회

2장

감정에 관한 흔한 오해들

감정을 함부로 판단해선
안 되는 이유

감정코칭의 창시자인 폴 에크만Paul Ekman 박사는 감정의 기본을 기쁨, 슬픔, 놀람, 화남, 공포, 혐오, 경멸이라는 일곱 가지로 나눴다. 오늘날에는 여기에 수치심과 죄책감을 더해 아홉 가지로 나누기도 한다. 이 일곱 가지 감정으로부터 행복감, 서러움, 흥미, 분노, 무서움, 증오, 거부감 등등의 여러 가지 감정이 확장 분화된다.

그런데 일곱 가지 감정을 한번 살펴보면, 그중 긍정적이라 불릴 만한 감정은 기쁨 딱 한 가지밖에 없다. 나머지 감정은 되도록 찾아오지 않았으면 싶은 감정, 부정적이라 불릴 만한 감정이다. 왜 우리에겐 이처럼 긍정적이라 여겨지는 감정보다 부정적이라고 판단되는 감정이 훨씬 더 많은 걸까?

이는 부정적이라 여겼던 감정이 우리 삶에 더 유용하기 때문이기도 하고, 긍정의 감정은 단순한 데 반해 부정의 감정이 더 복잡하게 세분화되어 있어서이기도 하다. 그런데 감정을 긍정적이다, 부정적이다 이분화해서 도덕이나 규범처럼 여기면 우리에게 감정에 대한 신념이 생기고 만다. 이 신념은 잘 변하지 않으므로 감정을 수식하는 명칭을 다시 정리해야 한다. 감정 자체를 '판단'하는 게 아니라, 그저 일어나고 있는 현상으로 '이해'해야 한다는 뜻이다. 그래야 감정을 있는 그대로 인정하고 공감할 수 있고, 긍정적 감정을 자주 느끼는 사람은 좋은 사람이고 부정적 감정을 자주 느끼는 사람은 나쁘거나 부정적인 사람으로 매도하는 것을 막을 수 있다. 사실로서의 감정에 규범의 옷을 입히면 감정은 나 자신과 타인을 비난하는 정당한 근거로 작용할 수밖에 없다.

왜 감정 자체를 사실로만 받아들여야 하는지 몇 가지 예를 들어보겠다. 우리는 보통 기쁨을 긍정적인 감정으로 이해한다. 그래서 기쁨을 환영하고, 언제나 기쁨을 누리고 싶어 한다. 그런데 심리학에는 '샤덴프로이데schadenfreude'라는 용어가 있다. 남의 고통과 불행을 보면서 기뻐하는 감정을 의미한다. 심지어 그 남이 아주 친한 친구일 때도 있다. 너의 불행이 곧 나의 행복이 되는 은밀한 기쁨, 나보다 비교우위에 있는 사람이 추락하는 것을 보며 느끼는 통쾌의 희열, 타인의 곤란함이 내게 고소함과 쌤통으로 느껴지는 아이러니. 이때의 기쁨은 어떠한가? 이 기쁨도 긍정적인가? 기쁨이라는 감정의 설정값이 긍정이라면 어떠한 상황에서도 기쁨은 긍정이어야 하지 않겠는가? 샤덴프로이데와 같은 맥락과 이유로 동양 사상가들은 기쁨이나 즐거움을 '가악可惡한 감정'이라고 부른다.

인정할 수 없다면 다른 감정을 예로 들어보자. 우리는 흔히 우울한 감정을 부정적으로 인식한다. 그런데 친구의 불행이나 남의 슬픔을 보면서 우울해지고, 심지어 나와는 상관없는 사람의 아픔을 뉴스에서 봤을 뿐인데 우울감이 찾아오기도 한다. 이때의 우울감은 부정적인가?

　다시 말하지만 감정 자체는 그저 현재 일어나고 있는 사실이자, 사건이다. 하지만 그 감정이 어떤 상황에서 일어나고 있느냐에 따라 같은 감정이라도 긍정적일 수도 부정적일 수도 있다. 같은 기쁨이라도 기뻐할 만한 상황에서 일어나면 아무렇지 않지만, 남의 불행을 보며 기뻐한다면 사이코패스까지는 아니더라도 적어도 열등감이 지나친 사람이라 할 만하다. 즉, 감정과 상황이 만나는 현장을 보며 종합적으로 판단해야지 특정한 감정 하나만을 갖고 사람의 인격과 됨됨이를 평가하기에는 참고자료가 너무 부족하다.

　그러니 우리가 단순히 어떠한 감정을 느낀다고 해서 우리 자체가 긍정적인 사람이 되는 것도, 부정적인 사람이 되는 것도 아니다. 기쁨이 부정적인 인간을 만들어낼 수도 있다는 것을 샤덴프로이데에서 보지 않았는가. 긍정도 부정이 될 수 있고, 부정도 긍정이 될 수 있다. 하나의 감정에는 긍정과 부정이 모두 들어 있다. 부정적인 사람으로 보일까 봐 두려워서 부정적인 감정을 호주머니에 넣고선 혼자서 살짝살짝 꺼내 보거나 발굴할 수도 없을 정도로 내면 저 깊은 곳에 밀어 넣지 않아도 좋다.

그런데도 부정적이라는 평가가 두려워 감정을 내뱉지 못하는 사람을 종종 본다. 불편한 감정을 꺼내놓았을 때 누군가로부터 비난받은 경험이 있거나 갈등을 빚은 경험 때문에 감정을 솔직히 말하기 부담스러운 것이다. 심지어 거절하는 것조차 남의 눈치가 보여 다른 사람의 부탁이란 부탁을 모두 들어주는 사람도 있다.

인간은 누구나 '자기주장의 기술'을 가지고 태어난다. 그것은 험난한 세상을 살아가는 데 도움이 되라고 신이 인간에게 준 방패막이와도 같은 선물이다. 말을 할 수 있기 전에는 '울음'으로서 자기의 주장을, 그것도 부모가 들어줄 때까지 펼쳤고, 말을 하기 시작하면서부터는 '싫다'는 말로 이 울음을 대신해 자기주장을 펼친다. 그런데 싫다는 말을 하는 아이는 왠지 부정적으로 비친다. 그래서 부모는 자신이 부정적인 사람이라 아이가 나를 보고 배웠다는 의심에서 벗어나고자, 혹은 내 아이가 어디 가서 부정적인 아이로 비칠까 봐 이 놀라운 기술을 없애버리고야 만다.

가끔 주변에서 자기주장을 잘하는 사람을 보면 '저 사람은 어쩌면 저렇게 자기가 원하는 것을 당당하게 말할 수 있을까', '저 사람은 어떻게 아무렇지도 않게 할 말을 잘하는 걸까'

의아하면서도 부러웠던 적이 있을 것이다. 나도 저 사람처럼 되고 싶다고 생각한 사람도 있을 테고, 나는 못 하는 걸 다른 사람은 잘만 하는 것을 보며 우울해진 사람도 있을 것이다. 또 심지어 상대를 미워하고 괴롭히기까지 했을지 모른다.

그 사람과 당신의 차이점은, 어떤 감정은 못 쓰는 것이고 어떤 감정은 쓸 수 있는 거라고 말해주는 부모가 있었느냐 없었느냐에 있다. 그 어떤 감정을 내보여도 허용해주는 사람 유무가 결정적 차이이다. 많은 한국인이 자신의 좋고 싫은 감정을 분명히 표현하기 어려워한다. 기억하지 못해도 아마 어린 시절 어른들에 의해 자기주장의 기술이 잘려왔기 때문일 것이다. 그러니 자기주장을 잘 못한다고 해서 '나는 왜 이렇게 못났을까' 하며 자기 자신을 너무 탓할 필요 없다. 부모에게 싫다는 말 한마디 못 했던 아이가 사회에 나와서 싫다는 말을 하기란 쉽지 않은 일이니까. 더구나 민주주의가 자리 잡지 못한 회사에서 심지어 상사에게 싫다는 말을 하기란 거의 불가능하니까.

한때 이런 광고 카피가 있었다. "모두가 예라고 할 때, 아니라고 할 수 있는 사람. 그런 사람이 좋다. 모두가 아니라고 할 때 예라고 할 수 있는 사람. 그런 사람이 좋다." 사실, 보편적인 감정 사이에 특이한 감정 하나를 꺼내놓는 데에는 용기

2장. 감정에 관한 흔한 오해들

가 필요하다. 얼마나 '자기주장의 기술'을 잘 펼치고 개발시켜 왔느냐가 용기를 발휘하는 데 결정적인 역할을 한다.

지금부터라도 감정 자체에 대한 오해를 조금씩 풀어보면 어떨까. 거절하지 못했던 나, 그래서 호구가 되었던 나, 그래서 또 상처 입었던 나를 구원해보는 것이 좋지 않겠는가. 내게 '싫다'를 선물해보자. 나에 대한 전폭적인 지원이자 색다른 경험이 될 것이다. 부정적인 사람으로 보인대도 누군가의 탐구심을 자극할지도 모를 일이니.

감정마저 불평등을 겪는다

감정에 대한 오해를 조금 더 풀어볼까 한다. 그래야 인간에 대한 오해를 풀고 감정과 다정하게 지낼 수 있으므로.

사고가 언어를 지배하기도 하고, 때로는 우리가 사용하는 언어가 사고를 지배하기도 한다. 사회상이 언어에 담기는 동시에 언어를 통해 사회의 단면이 보이기도 한다. 사회에서 어떤 감정을 금기시하느냐에 따라 우리의 감정 단어를 수식하는 언어도 변화해왔을 것이며, 감정을 어떠한 언어로 해석하고 평가하느냐에 따라 감정을 향한 생각도 달라져왔을 것이다.

나를 비롯한 감정 전문가들은 감정은 좋지도 나쁘지도 않다고 배웠고 또 그렇게 가르친다. 그러나 아이러니하게도 긍정적 감정과 부정적 감정이라는 말을 그대로 상용하는 상황이 자주 발생한다. 긍정과 부정의 정확한 뜻에 대해 깊이 고민하지 않아서이기도 하겠고, 긍정과 부정이 좋고 나쁘다는 뜻과는 다르게 받아들여져서이기도 하겠다. 한편으로는 상용되고 있는 단어를 다르게 부르기에는 아직 사회적 합의가 이루어지지 않았기에 어쩔 수 없이 그냥 그대로 쓰기도 한다. 하지만 많은 감정 전문가가 감정을 긍정과 부정으로 수식하는 데 불편감을 느끼고 있다. 그래서 긍정적 감정과 부정적 감정이라는 단어를 대체할 만한 적절한 단어에 대해 종종 고민하기도 한다.

우리가 감정을 긍정과 부정으로 나누는 순간, 긍정의 감정은 옳은 것으로, 부정의 감정은 그릇된 것으로 여겨지고 그 결과 어떤 감정에는 자유롭고 어떤 감정에는 부자유함을 넘어 그것을 억압하는 지경에 이른다. 이처럼 언어의 틀 속에 감정을 가두는 순간, 우리는 감정을 편애하고 오해하게 된다. 자신이 괜찮다고 판단하는, 남에게 수용되는, 사회적으로 용인되는, 긍정의 이미지만을 가진 특정 감정만 인정하는 것이다.

우는 사람은 나약한 사람이니 우는 대신 화를 내고, 강하고 꿋꿋한 사람이 되어야 한다는 강박으로 친밀함을 거부하기도 한다. 분노하는 사람이 무엇에 분노하는지에는 전혀 관심이 없다. 그는 분노하므로 성숙하지 못한 사람일 뿐이다. 모욕적인 말을 듣고서도 좋은 사람으로 보이고 싶은 나머지 자신의 진짜 감정을 미처 알아채기도 전에 참는다. 자꾸만 마음속에서 일어나는 진짜 감정을 가짜 감정으로 덮는 '감정의 대체' 과정이 수시로 일어나고 그러다 보면 어느새 감정을 표현하지 못하는 사람이 되어 무력감에 시달린다.

그래서 나는 '긍정적'을 '편한'이나 '익숙한'으로, '부정적'을 '불편한'이나 '익숙지 않은'으로 바꿔 부르자고 제안하거나 주장하곤 한다. 기쁘고 즐거운 감정은 대하기가 조금 더 편하고, 슬프고 우울한 감정은 조금 더 불편한 정도로 생각하면 감정과 자아를 동일시해서 유발되는 괴로움으로부터 벗어날 수 있다. 더 나아가 감정을 익숙하고 익숙지 않은 감정으로 나눈다면 조금 더 개인적 역사에 초점을 두게 되고, 감정에 대해 각자가 다 다른 정의를 내릴 수 있다. 어떤 이에게는 행복의 감정이 익숙하지만, 어떤 이에게는 그러한 감정이 낯설 수도 있다. 감정을 기준으로 개인 간 비교 우등, 비교 열등을 평가하는 데서 벗어나, 감정에 대한 각자의 고유성을 인정하는 분위기를 형성하는 것이 중요하다.

우울증으로 정신과 치료를 받고 있던 한 직장인이 있었다. 내내 힘들어하는 그를 직장 동료들은 이해하지 못했다. 나약하다 비난했고, 상사는 그를 불러 꾸짖기까지 했다. 이처럼 감정의 개인적 특성화 환경을 무시한 채 감정 자체가 사회적 보편성을 가진 언어로서 사회를 지배하기 시작하는 순간, 다른 이의 고통에 무감해지고 더 나아가 상대를 비난하고 낙인찍는 부정적인 결과가 생기고야 만다. 그러므로 우리는 감정이 왜 일어나는지를 따져 물으며 개인을 탓하는 대신, 무엇 때문에 그러한 감정이 생겨났는지 상황과 환경을 궁금해해야 한다.

긍정이라는 단어는 감정을 수식하는 용어가 아니라 모든 감정을 인정하겠다는 의지로서만 쓰면 족하다. 그것이 어떠한 감정이든 감정을 긍정하는 것으로 말이다. 우리가 느끼는 모든 감정은 우리 생존에 필수불가결하다. 가장 원초적인 공포와 불안은 우리를 위험으로부터 도망가게 만든다. 생명과 직결되는 감정이다. 편도체가 잘려나간 쥐가 뱀 옆에서도 도망가지 않는다면 끝은 뻔하다.

우리 몸에서 일어나는 생리적인 반응처럼 감정은 우리가 어떻게 행동해야 하는지에 대해 즉각적인 해답을 내려준다. 심지어 누군가에 대한 편견과 고정관념조차도 생존을 위해서 필요하다. 지난번에 만났던 사람과 비슷한 인상인 사람을 멀리하게 되는 것은 또 한 번의 상처로부터 자기 자신을 지키기 위한 방어본능이자 생존본능인 것이다. 편견과 고정관념에 대해서는 잘못이라는 의견이 많고 실제로도 관계에서 부작용을 일으키곤 하지만 일단 생존에 있어서만큼은 유용함에 틀림이 없다.

하나의 사건을 겪을 때 한 가지 감정이 들 수도 있지만, 몇 가지 감정이 동시에 들 수도 있다. 자신의 감정을 긍정과 부정으로 나누어 감정을 편애해왔던 사람은 복합적인 감정 앞에서 주된 감정이 무엇인지 알아차리기 힘들 뿐만 아니라

2장. 감정에 관한 흔한 오해들

복합적인 상황에 대한 해결책을 내리기도 힘들다. '나는 지금 짜증이 나는구나'에 매몰될 뿐 '불안해서 짜증이 밀려오는데 이 불안을 해결하기 위해 무슨 일부터 처리하면 좋을까?'까지로 해석과 판단이 분화되지 않는 것이다.

또한 감정을 불평등하게 대하는 역사가 깊어지면, 자신이 좋다고 생각하는 감정에 대해서도 인색해진다. 기쁠 때 제대로 기뻐하지 못하고, 행복할 때 제대로 행복해하지도 못하는 것이다. 감각은 긴밀하고 촘촘해서 하나에 대한 감각을 잃으면 다른 것에 대한 감각마저 연쇄적으로 사라진다. 신경과학자 캔디스 퍼트^{Candice Pert}는 "정서가 억압되고, 거부되고, 있는 그대로 표출되지 못하면, 우리 뇌의 신경망이 차단되어 생명과 행동을 관장하는 기분 좋은 화학물질의 흐름이 막힌다"고 말했다.

우리를 편하게 만드는 감정은 그냥 편하게 누리면 되고, 우리를 불편하게 만드는 감정은 불편한 본질적 이유가 무엇인지 알아차리고 탐구하면 된다. 우리에게 익숙한 감정이 슬픔이라면 즐거운 일을 애써 만들어도 좋고, 우리에게 익숙한 감정이 우울함이라면 활동적인 일에 나를 던져보는 것도 좋다. 긍정과 부정은 오직 인정과 부인을 낳아 자아를 속박할지 놓아줄지만을 결정하게 하지만, 편한지 그렇지 않은지 익숙한지 그렇지 않은지는 나에게서 벗어나 상황을 바라보게 해준다. 그래서 나에게 지나치게 함몰되거나 스스로를 지나치게 비난해 자아가 출렁출렁 넘실대게 하는 대신 중심을 잡게 해준다.

감정은 신호등과 같다. 빨간불에서는 멈춰 서고, 초록불에서는 건너는 것처럼 감정도 우리에게 신호를 보내며 어떻게 행동해야 하는지를 알려준다. 도망가라는 신호에 화를 내며 싸우거나, 슬퍼하라는 신호에 애써 웃으면 내면의 신호등이 완벽히 망가진다. 교차로에서 망가진 신호등 때문에 교통이 혼잡해지고 급기야 차끼리 충돌하는 사고가 일어나는 것처럼, 감정 신호등이 망가지면 마음 한복판에서 어디로 갈지 갈피를 잡을 수 없어 우왕좌왕하게 된다. 김소월 시인의 〈길〉이라는 시에 나오는 열십자 한복판에 서 있는 화자처럼 되어버리고 만다. 길을 잃고 돌아가는 방법도 모르는 사람은 결국 자신을 잃는다.

우리는 지금 다소 불편할 뿐이다. 그리고 지금의 감정이 조금 어색할 뿐이다. 불확실하고 미스터리할수록 우리는 발견해야 한다. 길을 전혀 잃어버리지 않는 삶은 지겹고, 길을 되찾아오는 방법을 모르는 사람의 삶은 안전하지 않다. 발견

2장. 감정에 관한 흔한 오해들

하고 찾는다는 것은 이 두 가지 세계를 서로 잇는 일이다. 감정에 대한 감각을 하나하나 발견함으로써 자신과 감정이 얼마나 무한한 관계를 맺고 있는지를 깨닫기를, 자연의 일부로서 나의 방대함을 음미하기를 빈다.

자존심에 찍힌 슬픈 낙인

심리학에서는 자존심을 '자기 개념에 근거해서 자신을 높이는 마음', 즉 자기에 대한 긍정적인 태도로 바라본다. 흔히 자존감이 자신을 높이는 것이라고 알고 있는 것과는 달리 사실은 자존심이 그 뜻에 더 가깝다. 그런데 자존심과 자존감의 단어 구조가 비슷하고, 자존감이라는 심리학 용어를 자기계발서 작가들이 퍼다 나르면서 좋은 뜻으로 쓰였던 자존심이 최대의 피해자가 되어버렸다. 이번에는 다소 억울해진 자존심을 대변하고 자존감에 얽힌 오해도 좀 풀어볼까 한다.

　표준어국어대사전에 자존심은 '남에게 굽히지 아니하고 자신의 품위를 스스로 지키는 마음'이라고 풀이되어 있다. 우리가 자존심이란 단어를 떠올릴 때 고집스럽고 약간은 이기적인 느낌을 받는 이유는 '남에게 굽히지 않는다'에 방점을 찍어왔기 때문이 아닐까 싶다. 그런데 여기에서 남에게 굽히지 않는다는 것은 고집을 부린다는 뜻이라기보다, 줏대 있고 용기 있게 자신의 중심을 지키겠다는 의지에 더 가깝다.

　가끔 자존심 상한다면서 히스테리를 부리거나 화를 내는 사람을 보면 역시 자존심은 나쁜 거라고 판단하게 될 때가 있다. 감정과 행위는 엄연히 구분되어야 하고, 행위가 잘못될 수는 있어도 감정이 잘못될 수는 없다. 그런데도 행위의 주체인 사람이 문제라고 인식하는 것을 넘어 자존심이라는 감정이 잘못되었다고 해석해버리는 것이다.

자존심은 타인에게 내가 나로서 받아들여지지 못한 채 거부되었을 때 상하기도 하지만 자신만의 기대치에 도달하지 못했을 때도 상한다. 다산 정약용은 자존심을 '타인이 나를 무시했을 때가 아니라 스스로가 자신에게 거는 기대에 도달하지 못했을 때 부끄러움을 느낄 줄 아는 감정'이라고 정의했다. 표준어국어대사전에서도 다산 선생도 '스스로'를 강조하면서 자존심을 설명했다. 자존심이 주체적인 감정임이 드러나는 대목이다.

이에 비해 자존감은 '내가 나에 대해 느끼는 전반적이고 총체적인 평가'라는 의미를 갖고 있다. 이때 평가란 주관적인 평가가 아닌 객관적인 수치와 근거와 기준에 의한 평가를 뜻한다. 단순히 '나는 자존감이 높다'는 주관적인 믿음이 자존감의 근거가 될 수는 없다는 뜻이다. 나를 어떻게 느끼고 평가하는지는 '자기효능감(자신감)'과 '중요 타자와의 관계'라는 변수에 따라 달라진다. 즉, 무언가를 할 수 있다는 자기효능감이 높고, 중요한 타인과 건강한 관계를 맺고 상호작용이 잘되고 있는지에 따라 자존감의 건강성 여부가 결정된다는 말이다. 이처럼 자존감의 평가 기준에 관계성이 포함되니, 남을 때

어놓고는 자존감을 이야기할 수 없다. 결국 자체적으로 생겨날 수 있는 자존심에 비해 자존감은 남이라는 타자성을 반드시 필요로 한다.

중요한 타인과 좋은 관계를 맺는 데는 상호성이 작용하기도 하지만, 경우에 따라서는 나라는 존재가 지나치게 수동적인 관계에 놓일 때도 있다. 어린 시절에는 부모에게 일방적으로 끌려가는 관계를 맺을 수밖에 없고, 사회에서 맺는 관계도 각종 위계질서에 의해 내 뜻과 상관없이 흘러갈 때가 많다. 따라서 타자와의 관계가 변수로 존재하는 자존감은 자신의 의지에 따라 주체적으로 형성될 수 없다.

최근에는 자존감에 여러 가지 의문을 제기하는 학자들이 늘어나고 있다. 자기애, 자기중심성, 자기우월주의와 개념의 경계가 모호할 뿐만 아니라 자존감 높은 사람이 오히려 남을 무시하고 공격적인 행동을 취하며, 자기도취에 빠질 수 있다며 자존감의 역기능에 대해 여기저기서 논의하고 있는 것이다. 또한 타인의 판단과 평가에 영향을 받기 때문에 일관되게 유지될 수 없다는 주장도 제기된다.

심리학자 리처드 라이언Richard Ryan과 커크 워런 브라운Kirk Warren Brown은 끊임없이 남의 평가에 좌지우지되고 남이 바라보는 '나'로 사는 것에 자존감의 초점이 맞춰져 있기 때문에 급기야 "우리에겐 더 이상 자존감이 필요 없다"고 주장한다. 캐나다의 임상심리학자 랜디 패터슨^{Randy Paterson}은 자존감이라는 말 자체가 시대가 만들어낸 산물일 뿐이며 실제로는 존재하지 않는다고 주장하기도 한다. 텍사스대학교의 심리학자 크리스틴 네프^{Kristin Neff}는 자존감을 높이려고 애쓰다가 현대인이 더 불행해졌다고도 했다.

게다가 플로리다주립대학교의 심리학자 로이 바이마우스터를 비롯한 많은 저명한 학자들이 20여 년간 시행되어온 자존감 향상 프로젝트의 효과를 분석했더니, '별로 효과 없음'이라는 결과가 나왔다. 이처럼 자존감은 추구한다고 해서 추구되지 않고, 높이고 싶다고 해서 높일 수도 없다. 오늘 낮던 자존감이 내일 갑자기 높아지고, 1년 전엔 높던 자존감이 지금 낮아지지 않는다. 자존감은 변화무쌍한 성질이 아니라 고정불변의 성질을 가졌다는 뜻이다. 기존 학계에서는 5~8세 정도에 자존감이 결정된다고 주장했다. 그 시기 이후에도 자존감을 높일 수 있다고 주장하는 학자들이 늘어났지만, '이미 어떠한 조건을 갖추고 있는 사람이 자존감이 높더라'는 것은 부정할 수 없는 사실이다.

분명한 건, 자존감이라는 단어 자체가 어느 순간부터 자기계발서에서 자주 사용하는 레퍼토리가 되어 뻥튀기되었다는 점이다. 동기부여가들에게는 자기계발을 설파하기 위해 긍정심리와 함께 특별한 다른 개념이 필요했을 것이다. 그때 마침 자존감이라는 단어가 눈에 띄었고, 그들은 자신이 이룬 성공과 부를 이룬다면 "야, 너도 높일 수 있어, 자존감!"이라고 속삭였다. 자존감을 높이면 뭐든 다 될 거라고, 네가 안 되는 이유는 자존감이 낮기 때문이라고 목소리를 높였다. 그러나 그들이 말하는 부와 명예, 외적인 성공을 통해 얻을 수 있는 것은 자존감이 아닌 일시적으로 느끼는 성취감과 쾌감일 뿐이다.

상황이 이러하다면 자존감이라는 학문적 용어는 심리학자들에게 맡기고 우리는 자존심이라는 일상어를 되찾는 것이 어떨까? 자존심은 때로 생존전략에 필요하다. 자존심이 발동하지 않는 사람은 누군가로부터 폭언을 듣거나 폭력을 당할 때, 잘못된 처우를 받을 때, 자신을 계속 그러한 환경에 방치할 가능성이 있다. 누가 나를 무시하거나 굴종시키려 할 때나 폭언을 일삼을 때 자존심은 상처를 입고, 이렇게 상처를 입으면 뇌에서는 그 자체를 생존에 대한 위협으로 인식한다. 모욕감은 생명을 위협하는 요소로 작동한다. 이때 자신의 상한 자존심을 들여다보면, 방어를 위해 도망가거나 공격하는 것 중

하나를 선택할 수 있다. 자존심이 상했는데도 제대로 방어하지 못하면 나중에는 자신을 탓하게 된다. 내가 잘못하지 않았는데도 잘못했다고 착각하면서.

우리가 기억해야 할 것은 인간이 인간에게 굴종적으로 굴어야 할 이유는 그 어디에도 없다는 것뿐이다. 어느 순간이든 자존심을 나쁜 것으로 결론 내려 다락방 어디인가에 처박아놓고 남에게 좋은 사람이라 칭찬받기보다, 자존심이 모자라거나 지나쳐서 열등감과 우월의식에 빠지는 것을 경계하는 편이 훨씬 더 낫다. 그리고 자존심에 상처를 입어 나와 타인을 벼랑 끝으로 몰고 갈 것이 아니라, 자신의 상처 입은 자존심을 정확하게 상대에게 알림으로써 상처를 회복할 수 있는 기회를 스스로에게 허락하고 상대에게도 세심한 배려를 요구해야 한다. 이것이야말로 건강한 관계의 시작이 아닐까.

열등감은 어디에서 비롯되는가

자본주의의 제로섬게임 규칙은 끊임없이 나를 사랑할 수 없는 이유를 만들어낸다. 어떤 경쟁에서 1등을 했더라도 다음 경쟁에서는 나보다 잘난 사람이 등장할 수 있고, 늘 경쟁자가 포진해 있다. 자리는 정해져 있고, 내가 자리를 차지하면 누군가는 자리를 잃는다. 물론 그 반대가 될 수도 있다. 이것이 자본주의 사회에서 살아남는 법이고, 내 자리를 빼앗기지 않기 위해 누군가를 밟고 올라서야 하는 이유이다.

누군가를 이기기 위해서 쉴 틈 없이 달릴수록 우리는 나보다 앞서나가는 사람만 보게 된다. 이는 인간의 비애와 고통, 열등감의 근원이다. 도대체 남보다 못한 나를 어떻게 사랑해야 할지 모르겠기 때문이다. 항상 더 나은 존재가 되기 위해 노력하고 모든 것이 나아지게 만들려는 욕구 자체가 얼마나 피곤한가. 우월해지려는 욕구가 강한 사람은 자기보다 더 우월한 사람을 보면 쉽게 열등감을 느끼고 우월해지지 않으면 매우 불안감을 느낀다. 경쟁적인 환경에 자주 노출된 사람일수록, 남과의 경쟁에 치열했던 사람일수록 이렇게 될 확률이 높다. 우월해지려고 하면 결코 우월해질 수 없다. 절대적 우월자가 되기에 인간은 누구든 불완전하다.

인간은 사회 안에서 남들과 더불어 살아야 생존할 수 있는 태생적으로 취약한 동물이다. 알프레드 아들러Alfred Adler는

"열등감의 원형적 감정이 심리학적 문제로 비화되는 것은 정신적 존재인 인간이 공동체를 형성하고 사회적 존재로 살아가면서부터"라고 말했다. 인간에게는 동물처럼 막강한 힘이나 뛰어난 시각과 후각 같은 생존능력이 결핍되어 있는데, 이런 물리적 취약과 열세로 인한 불안이나 무기력감이 곧 열등감의 기원이라는 것이다. 즉, 물리적·심리적 취약성을 극복하기 위해 공동체를 만들었는데, 이 공동체가 열등감을 유발한다.

인간이 공동체를 형성하면서부터 '협력'은 공통의 과제가 되었다. 그것이 인간의 생존법이었지만 가끔 이에 역행하는 갈등이 형성되곤 한다. 자신의 우월한 힘을 과시하거나 그럴 수 있는 지위를 과도하게 열망하게 되면서 갈등과 경쟁을 양산하기도 한다. 힘을 향한 욕망과 과시욕이 채워지지 않을 때 바로 열폭(열등감 폭발)이 발생한다.

어느 서울대학교 학생이 "서울대에는 열등감이 넘쳐난다"고 말하는 걸 들은 적이 있다. 물론 한 학생의 주관적인 견해일 수도 있으나 이를 증명하는 다수의 목소리가 있었던 것으로 보아 아주 터무니없는 소리는 아닐 것이다. 미국 아이비리그에서 해마다 자살하는 수많은 학생 수를 봐도 최소한 그들이 얼마나 자기애와 현실의 간극 사이에서 흔들리는지를 알 수 있다. 경쟁이라는 고통이 그들을 얼마나 멀리까지 도망가게 만드는지도.

사실, 열등감은 자신이 남들보다 못하다고 느낄 때 일어나는 감정이지, 실제로도 열등하다는 의미는 아니다. 즉, 객관적 상태에 의해 인과적으로 발생하는 게 아니라 그릇된 판단과 해석에서 비롯될 때가 많다는 뜻이다. 남을 향한 것이든, 나를 향한 것이든 올바르지 못한 판단은 불편한 감정의 가장 큰 기폭제이다. 다른 사람 눈에는 최고의 자리에 오른 것처럼 보이는 사람이 열등감에 시달려 절벽으로 내몰리는 이유도 잘못된 해석으로 부적절한 의미를 부여했기 때문으로 설명할 수 있다.

아들러는 한 사람의 삶의 목표는 어린 시절 외부로부터 받은 인상에 의해 형성된 세계상과 이러한 세계상을 바탕으로 삶에 대해 취하게 되는 특정한 입장에 의해 결정된다고 했다. 한국 사회는 '누구보다' 잘해야 한다는 강박이 심하고, 자기 목적적이고 자기 완성적으로 칭찬과 인정이 이루어지지 않고 타인에 의해 비로소 완성된다. 아이가 어느 과목에서 90점을 받아 왔어도 그 앞에 몇 명이 있는지에 따라 칭찬거리가 될지 대수롭지 않은 일이 될지가 결정되곤 한다. 이런 환경에서 자란 아이에게는 오직 우월해지고 싶은 욕망과 목표만이 추동으로 작동하게 된다. 우월이라는 말 자체에 이미 '남'이라는 존재가 들어 있다. 남을 계속 의식해야만 한다. 남을 계속 의식한 결과 성공만 따른다면 좋겠지만(남을 이기는 것에 과연 성공이라는 이름을 붙여도 될지에 대한 논의는 차치하고서) 무한경쟁을 통한 실패라는 개념도 생성된다. 이 과정에서 왜곡된 삶의 의미가 생겨나고 이는 타인과의 상호작용과 인간관계에 부정적 영향을 미친다. 더 나아가 공동체의식과 연대의식이 깨지고, 자기 자신에게 해를 끼치는 지경에 이를 수 있다. 경쟁에서 진 자신에게서 더 이상 가치를 느낄 수 없게 되는 것이다.

지금부터 '열등감'과 '열등함'을 구분해야 한다. 그래야만 열등감에서 초래되는 자기 파괴적 본능과 타인을 향한 모멸의 표현을 멈출 수 있다. 무의식적 수준에서 이루어지는 잘못된 판단과 해석의 왜곡을 바로잡고, 열등감을 통해 어떻게 하면 삶을 더 발전시킬 수 있는지, 어떻게 열등감을 성장의 동력으로 삼을 수 있을지를 고민하는 것이 유익한 삶을 누리는 가장 근사한 방법이다.

무언가를 성취했을 때, 특정 목적을 달성했을 때, 높은 자리에 올랐을 때, 우수한 성적을 받았을 때 등 유무형의 결과로만 열등감을 극복할 수 있다면 더욱더 기운 꺾이는 일이 아닐 수 없다. 모든 우월은 열등이 될 수 있는 잠재성을 품고 있기 때문에, 우월해지는 것이 열등감을 해소하고 해결하는 궁극적 방안이 되지는 못한다. 지금 우월한 사람도 언제든지 우월의 기능을 상실할 수 있다. 모든 사람이 잠재적 불안감의 주체가 된다. 그러므로 우리를 지배하고 있는 서열화된 질서에서 어떻게 하면 벗어날 수 있는지를 들여다봐야 한다.

각자도생의 피로한 삶에서 벗어나려면 공동체성과 사회적 관심을 회복하기 위해 다 같이 협력해야 한다. 오직 경쟁 상황과 관점에서만 타인과 관계 맺는 것은 우리 에너지를 너무 소모하기에 연대의식을 통해 삶의 개선에 동참해야 한다. 그래야 개개인이 직면한 열등감을 극복할 수 있다.

용서는 정말로 아름다운 것일까

용서는 나 자신을 위한 행위이고, 용서가 나를 평안한 상태로 만들어준다는 말을 한 번쯤 들어봤을 것이다. 이를 의심 없이 받아들이고 용서해야만 한다고 다짐하거나 용서하기 위해 노력하고 스스로를 옥죈 사람도 있을지 모르겠다.

몇 가지 질문을 던져볼까 한다. 우선, 용서는 감정인가, 행위인가? 용서가 말처럼 그렇게 쉬운가? 용서했더니 마음에 평안이 왔던 경험이 정말 있는가? 있다면 그것을 어떻게 증명할 수 있는가? 용서라는 단어 아래 얼마나 많은 악행이 묻히고 감춰져왔던가? 약자의 용서가 용서로서의 본래 기능을 할 수 있는가? 용서하는 것과 잊는 것은 같은 것인가? 만약 다르다면 잊지 않으면서도 어떻게 평안이 찾아올 수 있는가? 용서에 누가 개입하는 것이 정당한가? 피해자에게 강요된 용서가 사회의 안녕과 안온에 긍정적인 영향을 미친 적이 있었나?

용서가 감정인지, 행위인지에 대해서 먼저 이야기를 해보자. 결론부터 말하면 용서는 감정이지 행위가 아니다. 용서는 상대의 잘못을 더 이상 책망하지 않는 심리 상태를 말한다. 그런데 많은 사람이 용서를 어떠한 행위에 속하는 것으로 생각한다. 이는 용서와 화해를 혼동하는 데서부터 비롯된 오해이다. 용서는 어떠한 말이나 행동의 개입이 없는 온전한 마음 상태에서 이루어지지만, 화해에는 특정한 행동이나 말이 개입된다. 보통 초등학교에서 친구끼리 싸우면 서로 꼴도 보기 싫어하는 둘을 데려다놓고 교사가 화해를 일방적으로 종용한다. 아직 마음의 준비도 되지 않은 아이들에게 악수를 하게 하는 등 적극적인 행위를 시키면서 말이다. 이는 솔직히 교사 자신이 마음 편하자는 의도이며, 화해가 교실 전체에 평화를 가져온다는 믿음에서 비롯된 일일 뿐이다. 마음 상한 둘을 떨어뜨려놓고 각자 생각할 시간을 갖도록 해야 하는데 그러려면 시간과 노력이라는 비용이 들기 때문에 후다닥 일을 처리하려는 욕구도 들어가 있다. 사실, 절교해서 서로 보지 않으면 앞으로 싸울 일이 없어지니 더 평화로워질 수도 있을 텐데 말이다.

화해는 서로 대등한 위치에 있을 때 이루어진다. 서로 꼬집든지, 서로 말싸움을 하든지 주고받은 것이 있어야 할 수 있다. 반면, 용서는 가해자와 피해자가 있어야 한다. 화해는 '서로'의 영역이지만, 용서는 어디까지나 '피해자'만의 영역이다. 또한 용서는 감정의 영역이기 때문에 그만 용서하라고 말하는 것은 이제 슬퍼하지 말고 기뻐해라, 지금부터 즐거워해라 등등의 이해할 수 없는 명령과 똑같은 것이 되어버린다. 피해자에게 용서를 강요하는 것은 또 다른 비극을 부르는 폭력이다.

그런데도 왜 사람들은 피해자에게 용서를 은연중에 혹은 노골적으로 강요하는가. 여태껏 피해자였던 당사자가 용서해야 하는 순간에는 갑자기 베푸는 위치에 있다고 인식하기 때문이다. 애초에 용서는 강자가 약자에게 하는 것이기 때문에(우리는 이를 본능적으로 이미 알고 있다) 용서를 하는 순간만큼은 피해자의 위치가 약자에게 강자로 둔갑해버린다. 즉, 용서를 강요하는 사람들은 용서의 순간 피해자의 피해자성을 잊고 갑자기 을을 갑으로 개념화해버린다.

이렇게 강요와 억압이 개입된 용서는 교훈도 용서의 목적도 지워버린다. 오직 폭력으로만 기능한다. 가해자의 반성과 사죄에 이은 용서라는 메커니즘을 교란하는 일일뿐더러 용서하지 않는 피해자를 속좁은 사람으로 둔갑시켜버린다. 피해자가 오히려 가해자가 되어버린다. 이 과정에서 진짜 가해자는 자신의 잘못을 반성할 기회를 잃고, 자신의 과오를 덮는 또 다른 잘못을 저지르기 쉽다.

본인 스스로 감정 정리가 된 상태에서 하는 게 아니라, 주변의 눈치 때문에, 혹은 강압에 의해 어쩔 수 없이 하는 용서는 한 개인의 비애를 확인시킬 뿐이다. 용서에의 강요는 가해자에 이어서 모두가 가해자의 입장을 옹호하는 폭압으로서

2장. 감정에 관한 흔한 오해들

기능한다. 아무도 내 편이 아니라는 느낌은 피해자를 세상에 나를 구원해줄 사람이 단 한 명도 없다는 절망에 빠뜨린다. 사람에 대한 신뢰가 근원적으로 무너져버린다. 우리는 피해자가 이러한 희생자가 되지 않도록 용서를 강요하지 말아야 한다. 용서하고 말고는 오직 피해자가 결정할 몫이며, 그 누구도 가해자의 입장에 서지도 가해 행위의 합리화에 동조하지도 말아야 한다.

또한 용서의 범주에 '처벌받지 않음'이 포함되지 않음을 분명히 해야 한다. 용서 여부와 법이 정한 처벌을 받는 것은 서로 다른 영역의 문제이다. 용서는 한 개인이 하는 것이고 법적 처벌은 사법기관, 즉 국가가 하는 것이다. 간혹 너 때문에 가해자가 법의 심판을 받게 됐다는 말을 피해자에게 할 때가 있다. 너(피해자) 때문이 아니라 가해자 본인의 행동 때문에 법의 심판을 받는 것이며, 그 책임은 전적으로 가해자 자신에게 있다. 즉, 법원과 가해자의 문제를 피해자와 가해자의 문제로 전환해서는 안 된다는 뜻이다.

가장 중요한 것은 용서에 앞서 반드시 가해자의 자기고백적 반성이 있어야 한다는 것이다. 사과 없는 용서가 어찌 아름다울 수 있으며, 앞선 과제가 풀리지도 않았는데 오직 뒤에 남은 사람만 숙제를 해야 한다면 이 얼마나 불공평한가. 남 이야기이니까 용서가 아름답다고 말하고, 남의 일이니까 쉽게 용서하라고 말한다면 이는 공감능력이 떨어지는 것을 넘어 지나치게 가해자에게 감정이입을 하는 행위다.

영국의 학자이자 소설가인 C.S.루이스^{Clive Staples Lewis}는 "사람들은 용서가 아름다운 일이라고 말한다. 정작 자신이 용서할 일을 당하기 전까지는"이라고 말했다. 한 사람의 고통과 광활한 슬픔, 체념적 비극이 점철된 사건이 용서로 이어지는 과정이 어떻게 아름다울 수 있는가. 그것은 철저히 한 개인이 바닥으로 떨어지는 과정이며 삶 전체를 갈기갈기 찢어놓는 사건일 텐데. 이후에 피해자가 안식을 얻든지 말든지 역시 피해자의 몫이지 타인이 기웃거릴 영역이 아니다.

영화 〈밀양〉은 잘못된 용서의 대표적인 사례를 보여준다. 주인공 신애는 아들을 납치하고 살해한 살인범을 용서하기 위해 교도소로 향한다. 하지만 살인범은 아주 평온한 얼굴로 자신은 하나님의 사랑을 알게 되었고, 죄지은 자기는 하나님에게 용서를 받아서 평화롭게 지내고 있다고 말한다. 범인은 용서하러 간 신애의 마음을 엉망진창으로 만들어놓았다. 살인범이 용서를 구할 상대방인 신애에게 제대로 사과하고 자기고백적인 반성을 했더라면 신애도 범인도 참된 평화를 얻을 수 있었을 것이다. 신애는 이웃을 사랑해야 하고 미워하면 안 된다는 메시지의 희생양이었다. 그러한 메시지는 빨리 용서해야 한다는 압박으로 작용했고, 빠르게 감정을 정리하려는 욕구를 낳았다. 하지만 신애는 자신의 감정이 아직 정리되지 않았다는 것만 확인하고 말았다. 평화를 얻은 범인과 앞으로 제정신으로 살지 못할 신애 중 누가 진짜 구원을 얻었다 자신할 수 있겠는가.

무조건 다 잊고 상대를 자유롭게 놓아주라는 전제에서부터 용서에 대한 거부감이 들고 피로해진다. '더 이상 따져 묻지 않는다'와 '잊어버린다'는 분명 그 뜻이 다르고 뉘앙스도 다르다. 용서를 가해자의 모든 행위와 그로 인한 나의 피해를 잊어버리는 것으로 착각하기 시작하면 용서해야 하는 당사자 입장에서는 억울할 수밖에 없다. 용서를 가해자에게 복수하지 않는 것, 과거와 현재의 단절을 선언하는 것, 과거의 그가 현재의 나에게 더 이상 영향을 미치지 못하는 깃 정도로 이해하는 편이 더 낫다. 그러지 않으면 악행의 의미가 변질되고, 용서의 본질은 훼손된다.

헝가리 출신의 미국 정신의학자 토머스 사즈^{Thomas Szasz}는 "어리석은 자는 용서하지도 잊지도 않는다. 순진한 자는 용서하고 잊는다. 현명한 자는 용서하나 잊지는 않는다"고 했다. 용서에는 반드시 어떠한 배움이 있어야 한다는 의미다. 그 배움이 피해자만의 것은 아닐 것이다. 아니어야만 한다. 그래야 용서의 주체인 피해자에게도 희망이 있을 테니.

우리가 질투를 느끼는 진짜 이유

남을 부러워하는 감정 혹은 이러한 감정이 고양되어 증오나 적개심을 느끼는 것을 질투라고 부른다. 질투는 자기가 가진 것을 누군가 빼앗으려고 할 때 느끼는 감정이고, 시기는 자기가 갖지 못한 것을 가진 사람을 보며 느끼는 감정이라고 둘을 나누어 정의하기도 하지만, 사실 질투와 시기, 부러움은 혼용되고 있고 정확히 구분하기 힘들 때도 많다.

미국 앨라배마대학교 심리학 연구팀에서는 대학생 237 명을 대상으로 성격과 질투 유발 행동, 질투 유발 동기에 대해 설문조사를 했다. 설문 결과 자기애가 강할수록 연애를 할 때 질투심도 강한 것으로 나타났다. 그리고 대인관계에서 권력과 통제력을 얻고자 하는 욕구가 강하거나 자존감이 낮으면 그로 인해 질투심이 나타나는 것으로 분석되었다.

열등감과 낮은 자존감 때문에 질투심을 느끼는 사람은 질투심이라는 감정 자체를 배제하고 그 감정을 상대의 문제로 치환하려고 시도하곤 한다. 질투하는 자기 모습이 괴롭고, 시시한 감정에 굴복하는 것 같은 스스로를 받아들일 수 없어서, 이건 질투가 아니라 다른 것 때문에 미워하는 것이라고 합리화한다. 뭐 하나 빠지는 게 없는 여성을 보며 질투를 느끼면서, 다른 것을 트집 잡아 그 사람을 싫어할 적당하고도 그럴듯한 이유 하나를 서둘러 만들어내는 것이다. 그래야 마음놓고 미워할 수 있고 질투심도 숨길 수 있으니 말이다. 이들은 무례한 표현도 서슴지 않는다. "너 오늘 화장이 좀 이상하다", "너 치아가 되게 삐뚤삐뚤하구나" 등등 아무도 묻지 않고, 아무도 관심 없는데 자신의 의견을 내놓는다.

　질투가 심한 사람은 보통 냉소적이고 연대감이 부족하지만, 사교적이고 친근한 사람일 때도 있다. 주의력 있고 꼼꼼한 사람이기에 그를 믿고 부탁했는데, 그는 그 부탁을 잊어버린다. 그런데 진짜 잊어서 잊어버린 것이 아니다. 이들은 상대의 계획과 결정을 틀어지게 만들거나 훼방하고 큰 장애물을 놓는 데 열중하면서 전혀 그럴 의도가 아니었다, 다음번에는 절대 그러지 않겠노라 변명하며 또다시 믿게 만든다. 이들을 다정한 사디스트^{sadist}(가학주의자)라고 부른다.

　질투가 다양한 얼굴을 하고 나타나는 이유는 인간이 그만큼 불안정하기 때문이다. 질투가 심한 사람은 타인과 타인의 상황을 통해서만 자신을 인식하기 때문에 다른 사람의 성공과 행복이 자신의 공허와 불행을 상기시킨다고 생각한다. 관계에서 질투의 감정이 가장 강하게 작동하고, 그로 인해 자신의 존재를 자꾸만 확인하려 한다.

　우리는 질투를 느끼는 사람이 어떠한 특성을 가졌는지

이미 알기에 때로는 질투를 순화하기도 한다. 질투를 느끼는 자신의 모습에 자존심이 상하지만, 이를 인정하면 더한 수치심이 느껴질 것 같아 질투가 아닌 양 다른 감정으로 표현하기도 한다. "너의 성공에 질투를 느낀다"고 말하는 대신 "네가 참 부럽다"라고 표현하는 식이다.

질투를 덮고 직면하기를 거부하는 이유는 질투가 곧 나의 약점이라고 생각하기 때문이다. 하지만 질투가 항상 병리적인 현상으로만 나타나거나 열등감이 심한 사람에게만 찾아오는 것은 아니다. 질투는 보통 사람도 흔히 느끼는 감정이다. 목표로 하던 오디션에서 나는 떨어졌는데 아무 생각 없이 나를 따라온 친구만 붙었다면 질투가 나는 건 당연하다. 아무리 친한 친구래도 내가 좋아하던 오빠와 사귀게 된 친구를 보면 절교하고 싶은 마음이 들 수도 있다. 형제간에 엄마를 놓고 질투하는 것도 이상하지 않다. 질투는 대상의 상실에 대한 고통, 원하는 목표를 포기해야 할 때의 좌절감, 관계의 훼손과 소멸에 대한 불안감 등에서 비롯되는 인과적 감정이기도 한 것이다. 그리고 질투는 공정하지 못한 상황에 대한 욕구불만의 표현이자 분노의 또 다른 이름이기도 하다.

2003년 미국 에모리대학교의 영장류학자 새라 브로스넌Sarah F. Brosnan과 프란스 드 발Frans B. M. de Waal은 꼬리감는원숭

2장. 감정에 관한 흔한 오해들

이 capuchin monkey를 대상으로 실험을 했다. 연구진은 작은 돌멩이를 가져오도록 원숭이들을 훈련시켰고, 이에 대한 보상으로 포도 한 송이 또는 오이 한 조각을 줬다. 원숭이들은 포도 한 송이를 더 선호했다. 연구진은 두 원숭이에게 우리 바로 앞에 포도가 놓인 그릇을 그대로 두고 오이 한 조각을 보상으로 주었다. 둘은 아무런 거부감 없이 오이를 먹었고, 돌멩이를 연구진에게 줬다. 그런데 이후 한 원숭이에게는 오이를, 다른 원숭이에게는 포도를 주었더니, 오이를 받은 원숭이가 오이를 연구진에게 던지며 분노를 표현했다.

이 실험은 동물도 질투를 느낀다는 것과 동시에 질투는 공정함을 요구하고 분노하게 한다는 것을 보여준다. 둘째를 편애하는 엄마의 모습을 본 첫째의 질투나 친구를 더 인정해주는 교사의 모습을 보며 질투하는 학생의 경우에 접목해볼 수 있는 유의미한 실험이라고 하겠다. 질투를 느끼고 그 감정을 동생과 친구에게 풀지, 공정하지 않은 행위의 주체인 엄마와 교사에게 표현할지에 따라 질투가 어떤 결과를 낳을지가 결정될 것이다. 원숭이가 동료 원숭이에게 오이를 던진 게 아니라 연구자에게 던졌던 것처럼.

자기 보존적 욕망의 체계이자 관계의 항상성을 교란하

는 질투라는 감정에는 긍정적이고도 강력한 지시나 권고가 더 깃들어 있는 것 아닐까. 질투심은 우리가 빼앗길지도 모르는, 혹은 빼앗길 위기에 처한 사람이나 물건을 더 아끼라는 신호 역할을 한다. 만약, 누군가가 넘치는 매력을 가진 내 애인에게 다가오는데도 질투를 느끼지 않는다면 종국에는 외로워질 수밖에 없다.

누군가의 성공에 질투가 나서 그것을 내 성공의 동력으로 삼을 수도 있다. 항상 옆에 있던 사람이라면 그가 어떻게 해서 성공했는지도 똑똑히 보았을 테니, 질투에 눈이 멀어 그를 흠집 내는 대신 그의 성공 비밀을 내 것으로 만드는 편이 더 건전하다. 사실 성공에 있어 질투만큼 강한 동기도 없다.

우리가 질투하려고 마음만 먹으면 질투하는 건 일도 아닐 것이다. 하지만 그것이 애써 만들어낸 질투가 되지 않도록, 한강에서 뺨 맞고 애먼 데서 눈 흘기는 식이 되지 않도록, 현실에 대한 정보를 많이 획득하여 질투를 극복했으면 한다. 정보가 부족하면 부족할수록 질투는 온갖 사건을 상상 속에서 만들어버리므로.

사랑에 대한 잘못된 믿음

마치 삶이 사랑을 위해 존재한다는 듯, 인간은 사랑을 부정하고 부인하는 순간에조차 사랑을 갈망하는 존재이다. 그렇다면 사랑이란 무엇인가. 토크쇼나 인터뷰에서 연예인에게 사랑이 무엇이라 생각하는지를 빼놓지 않고 질문하던 시절이 있었다. 제각각의 답은 최소한 그들 각자에게는 진리일 수 있겠다. 하지만 그것은 그들의 답일 뿐 우리의 답이 될 수는 없다. 사랑의 정체를 제대로 알고 경험할 수만 있다면, 우리 삶 자체를 고통과 절망으로부터 분리할 수 있지는 않을까.

아무리 노력해도 사랑을 정의할 수 없다면 다음 질문으로 사랑에 접근해보자. 사랑은 감정인가? 그렇지 않으면 욕구인가? 이러한 의문과 논쟁은 오랫동안 끊이지 않았지만 대체로 사랑을 감정으로 정의한다. 그럼에도 우리는 왜 여전히 사랑에 대해 논쟁하고 진정한 사랑은 없다며 좌절하고 사랑을 의심하는 것일까?

존 리J. A. Lee라는 심리학자는 사랑을 열정적 사랑eros(에로스), 유희적 사랑ludus(루두스), 친구 같은 사랑storge(스토르게), 소유적인 사랑mania(마니아), 실용적 사랑pragma(프라그마), 헌신적 사랑agape(아가페), 이렇게 여섯 가지 유형으로 나누었다. 이 중 보통 에로스와 아가페를 사랑이라 여기고, (스토르게를 살짝 포함시켜주기도 하지만) 그 외에는 사랑으로 쉽게 인정할 수 없을지도 모르겠다. 사랑이 다른 감정에 비해 숭고하다고 여기고 그 숭고함을 깨뜨리는 데 본능적으로 반감을 갖게 마련이니까. 다른 감정은 영원불멸해야 한다고 생각하지 않으면서 사랑만큼은 변하지 않아야 한다는 생각도 이런 반감에 한몫한다.

누군가를 미워하지 않기 위해서는 그저 가만히 있는 것이 아니라 노력해야 한다. 우리는 그걸 알면서도 사랑은 무슨 일이 있어도 신비롭고 황홀한 방식으로 지속되리라고 믿곤 한다. 사랑은 변하지 않는 속성을 가졌다는 믿음이 이어지기를 원하고, 어떠한 상황에서도 사랑이라는 감정은 조건 없이 자연적으로 생겨나야 한다고 생각한다. 하물며 진화심리학에서는 모성애도 자연의 산물이 아닌 인류의 생존 및 유지를 위한 학습의 산물로 여기는데, 사랑을 배우고 익히고 애써 가꿔나가야 하는 것으로 여기지 않는 현상을 어떻게 받아들여야 할까.

사랑에 대한 잘못된 믿음을 가진 사람은 상대의 헌신과 희생을 당연한 것으로 요구하기도 하고, 자신의 결핍을 채워주는 타인의 행동을 사랑이라고 믿기도 한다. 부모에게 받지 못해 생겨난 사랑의 결핍을 이성이나 배우자에게서 채우려는 것이다. 타인의 헌신과 희생을 바탕으로만 사랑을 하는 사람은 자신과 상대 사이에 외부세계가 존재한다는 것을 인식하는 순간 상대방에 대한 배신감과 반감이 생겨 상대를 공격하거나 파괴하고자 하는 성향까지도 드러낸다. 이별을 요구하는 상대를 폭력을 가해서라도 붙잡아두려는 것도 이러한 심리에서 기인한다. 자신과 연인 사이에 지금과 다른 세계가 있다는 것을 도저히 받아들이지 못하는 것이다.

자신을 불평등하고 불공평하게 대한 세상과 친구들에 대한 분노를 오직 한 사람에게 이입하는 사람도 있다. 그들에게서 받은 부당한 대우를 한 사람의 사랑으로 보상받고자 한다. 이들은 늘 사랑에 허기를 느끼며, 애정을 끝없이 갈구하고 그 감정을 지치지 않고 계속해서 검증하려는 욕구가 강하다. 정서적 애착의 결핍으로 인해 정서적 애착의 노예가 되는 것도 마다하지 않는다.

사랑은 여러 호르몬상의 이유로 배고픔이나 목마름과도 비슷하다. 오죽하면 이별했을 때 겪는 증상이 마약중독자들이 겪는 금단증상과 비슷할까. 실연을 겪었을 때는 몸에서 심장을 약화하는 화학물질이 분비될 수도 있다. 그렇기에 사랑을 삶에서 분리하기란 어려운 일이다. 하지만 사랑에서 배고픔과 목마름을 극심하게 느끼는 사람, 갈증과 허기가 지나쳐 마치 사랑에 중독된 것처럼 행동하는 사람은 누군가와 강한

2장. 감정에 관한 흔한 오해들

일체감을 느껴야 안정감을 느끼고 완전하게 보호받고 싶어한다. 사랑이 집착으로 변질되고, 상황이 자기 의도대로 흘러가지 않으면 극도의 불안감을 느낀다. 이들은 감정적으로 상대에게 완벽히 의존하거나 종속된다. 자존감이 낮고, 애정이 결핍되어 있고, 상처받기 쉽다. 또한 외로움에 대한 두려움, 정체감과 자부심의 결여로 인해 관계만 지속할 수 있다면 어떤 대가를 치러도 된다는 듯 극단적인 행동까지도 서슴지 않는다. 자학적 형벌과 고통까지 동원하면서 말이다.

그런데 상대는 결코 그 결핍에 동의하거나 공감하지 못한다는 데서 사랑의 불행이 시작되고야 만다. 각자에게 사랑은 그 모양과 역할이 다르고 서로 다른 꿈을 꾸는 사람의 사랑을 채우기에 우리는 턱없이 부족한 존재일 뿐이다. 그리하여 사랑은 곧 공허하고 무책임한 것으로 전락하고 동반자적인 관계는 투쟁하는 관계로 뒤바뀐다.

누구에게나 사랑은 어렵지만, 파괴하고 파멸되기 위해 사랑을 하는 사람은 없다. 우리는 사랑을 정의하기 전에 스스로에게 질문해야 한다. 나의 허기를 채우기 위한 것인지, 정서적 안정감을 위한 것인지. 의존할 준비가 되었는지, 존중할 준비가 되었는지. 나의 욕심과 욕구에 대한 집착인지, 서로의 친밀감을 위해서인지. 자기 자신에게 솔직하게 답해야 한다.

미국의 심리학자 로버트 스턴버그^{Robert J. Sternberg}는 사랑을 삼각형 모양으로 설정하고 각 꼭지점에 사랑의 세 가지 요소, 즉 친밀감, 열정, 헌신을 제안했다. 이를 '사랑의 삼각형 이론^{triangular theory of love}'이라고 한다. 서로 신뢰를 갖고 연결되기를 원하고 자신의 것을 공유하려는 정서인 친밀감이 첫 번째 요소이다. 성적인 욕구를 비롯해 다른 사람과 함께하고자 하는 열렬한 소망과 강렬하고도 뜨거운 감정인 열정이 두 번째 요소이다. 굳건히 그 관계를 유지할 것을 맹세하고, 상대로 인해 손해를 보거나 어려움에 처하더라도 관계를 지속하고자

친밀감+열정+헌신
가장 이상적인 사랑의 형태

하는 결심이 세 번째 요소인 헌신이다. 스턴버그는 이 세 가지 요소의 비중이 얼마나 되느냐에 따라 사랑의 종류가 달라진다고 설명했다. 그중에서도 친밀감, 열정, 헌신의 3요소가 모두 낮은 경우는 '비사랑non love'으로, 사랑의 3요소가 모두 존재하는 사랑은 '완전한 사랑consummate love'으로 보았다.

진짜 사랑의 정체를 밝혀내려던 스턴버그의 노력에도 불구하고 우리는 앞으로도 사랑의 모호함 속에서 끊임없이 고뇌하고 갈등할 것이다. 사랑이란 우리가 느끼는 감정 중에서도 그 구조가 가장 복잡하면서도 난해하고, 희극적이면서도 때로는 비극적이다. 또한 환희, 질투, 열등감, 분노, 고독, 외로움 등등의 다양한 감정을 동반하기 때문에 혼란스럽다.

하지만 분명한 점이 하나 있다. 우리가 욕구에 따라 음식을 먹는 것처럼 허기에 의한 사랑은 오직 자신의 필요를 채우기 위한 것에 불과하다. 그 속에서는 자아의 특별성과 개인의 자유를 인정할 수 없다. 해방은 없고 오직 헌신만이 강요된다. 따라서 인격 대 인격으로 하는, 서로에게 예속되면서도 서로의 자유를 허락하는 사랑과는 다르다.

태어난 모든 것, 그리하여 죽음을 선택하지 않고 살아 있기로 작정한 존재들은 학습과 자발적 동의의 과정을 거쳐 사랑을 실현한다. 사랑은 다른 수많은 감정보다 더욱더 태생적이다. 우리가 선택하기 이전에 이미 우리에게 주어졌기에. 인간은 모두 사랑의 결과물이기에. 그러므로 사랑하는 동안에는 파괴적 본능이 아닌 생존본능이 발현되어야 한다.

사랑은 자기 자신을 사랑할 수 있는 기회이자, 나의 잘못에 대한 용서와도 같다. 인간의 불완전함에 대한 완전함이다. 그리고 나 혼자 하는 게 아닌 함께하는 것이므로 다른 감정보다 훨씬 힘이 세다.

2장. 감정에 관한 흔한 오해들

누려움과 불안의 차이

매년 태풍이 불어온다. 태풍이 한번 불어닥친 마을은 순식간에 집이 사라지고 마을 전체가 잠기기도 하며, 사람이 목숨을 잃기도 한다. 그런데 태풍이 하나도 무섭지 않다면서 방파제를 쌓지 않는다면 이를 현명하다고 말할 수 있을까?

코로나바이러스 감염증COVID-19이 대한민국 전역과 전 세계를 강타할 때 정부 관계자들에게서, 미디어에서, 사람들 입에서 너무 두려워하지 말라는 메시지가 끊임없이 흘러나왔다. 미국의 한 목사는 미디어가 바이러스에 대한 두려움을 키운다며 언론을 비난했다. 물론 우리나라에서도 많은 사람이 별것도 아닌 바이러스에 대한 두려움을 언론이 조장한다며 두려움에 떠는 사람들을 언론에 놀아나는 어린아이 취급하기도 했다. 그뿐만 아니라 전염병에 걸리지 않았는데도 마스크를 착용하는 대한민국 사람들을 히스테릭하다고 비웃은 나라도 있었다.

그 결과 너무 두려워하지 않던 나라는 바이러스 사태에 적절히 대처할 골든아워를 놓쳤고, 언론이 두려움을 키운다던 미국의 목사는 코로나바이러스로 결국 목숨을 잃었다. 두려워하지 않던 사람들은 전염병이 돌거나 말거나 돌아다녔고, 그러더니 이제는 그들이 오히려 문제가 되었다. 두려움이 없던 사람들은 정부에서 집회를 하지 말라고 말려도 집회를

　　　　　　　　2장. 감정에 관한 흔한 오해들

했고, 꽃구경을 갔고, 클럽에서 놀았으며, 집에서 친구들과 파티를 했다. 처음엔 두려움이 문제라고 했는데 나중엔 두려움이 없는 것이 또 문제였다.

옆에서 전쟁이 나서 사람들이 죽어가고 있다고 가정해 보자. 두려움을 갖지 말라는 말이 더 비인간적이고 잔인하지 않은가. 사람이 총알에 맞아 피를 흘리고 있다면 그 전장에서 벗어나기 위해 필사적으로 도망가야지 그 한가운데서 꽃을 보며 낭만을 느끼고, 춤을 추고, 파티를 하면 안 되는 것이다.

두려움은 '분명한 사건'에 대해 현재 느끼는 감정이다. 그래서 불안과는 조금 다르다. 어떤 일이 일어날지 모를 때, 즉 대상이 특정되지 않았을 때, 모호하긴 하지만 미래의 위협이 예상될 때 느끼는 불안정한 감정이 '불안'인 반면 특정된 사건이나 대상, 혹은 일어날 것이 확실시되거나 지금 당장 일어나고 있는 사건에 대해 느끼는 무서움은 '두려움'이나 '공포'라고 한다.

누군가는 '두려우면 지는 것'이라고 했다. 글쎄, 이 말이 우리 건강과 생명을 담보로 했을 때도 통용될 수 있을까? 솔직해지자. 두려워해야 할 순간에까지 평정심을 잃지 않고 두려워하지 않는 것이 과연 인간다우며 합리적인가? 바이러스가 창궐한 때에 두려워하지 말라는 말이 어떤 이득이 되는가? 왜 우리는 두려워해야 할 때도 두려워하지 말라는 메시지를 던지며 두려워하는 사람들에 대한 조롱도 마다하지 않는가? 이는 우리가 평소에 두려움이라는 감정을 어떻게 대했는지를 단적으로 보여준다.

인간은 두려움을 부정적인 것 혹은 비겁한 것으로 인식한다. 두려움이 있는 삶은 안정적이지 않을뿐더러 행복하지 않다고 여긴다. 두려움을 느끼는 순간 희망과는 멀어진다고 느낀다. 두려움이 약점이 되어 장애물을 뛰어넘지 못하고 패배하리라고 생각한다. 그렇다면 인류가 질병과 죽음에 대한 두려움으로 만들어낸 수많은 약과 백신은 어떻게 설명할 수 있을까.

우리는 한번 두려움을 느끼면 그에 사로잡히고 잠식당해 어떠한 힘도 쓸 수 없게 될까 봐 두려워한다. 사실은 두렵기 때문에 그를 보지 않으려고 애쓰는 것이다. 그리고 두려움이 행복이나 희망과 상반된 것이라는 생각은 우리 마음에 하나의 감정이 들어오면 다른 감정은 들어올 수 없다는 흑백논리와도 같다. 두려움을 느껴도 희망을 가질 수 있고, 두려워도 용기를 내 장애를 극복할 수 있다. 행복한 사람도 두말할 것 없이 두려움을 느낀다.

알렉스 호놀드Alex Honnold라는 미국인 남성이 있다. 그는 별다른 장치 없이 손과 발만을 이용해 엄청난 높이의 암벽을 등반하면서도 그러한 상황 자체가 전혀 무섭지 않다고 한다. 신경학자들이 그의 뇌를 검사했다. 그에게 아무리 충격적인 사진을 보여줘도 두려움을 관장하는 편도체가 전혀 활성화되지 않았다. 오랫동안 위험에 노출되어 다른 사람에겐 위험인 것이 그에게는 일상이었고, 결국 다른 자극에도 둔감해진 것이다. 그는 더 많은 모험을 누리게 되었지만, 동시에 더 많은 위험에 노출된 삶을 살고 있다. 우리가 두려움을 느끼지 않는다면 그 이유는 너무 오랫동안 위험에 노출되어 둔감해졌거나 편도체에 무슨 일이 벌어졌기 때문이다. 이것이 과연 안전한가.

뇌의 존재 이유와 역할은 '생존'이다. 두려움은 그중에서도 가장 강력한 생존 기제이자, 위험을 감지하고 그 위험으로부터 빨리 벗어나라는 무의식적인 신호체계이다. 편도체의 이러한 경보 시스템은 곧장 신경계를 깨워 몇 가지 방식으로 신체가 싸우거나 도망치도록 준비시킨다. 우선, 혈압과 세포 대사의 속도를 높이고 혈액 내 포도당의 양을 늘리며, 정신적 활동량 또한 늘린다. 그리고 신체 내 다량의 혈액이 다리 등

커다란 근육으로 몰려 필요할 때 도망칠 수 있는 충분한 에너지를 만든다. 아드레날린이 몸을 돌면서 면역계가 최우선 과제가 아니라고 뇌가 판단하게 함으로써 면역계를 느려지게 한다. 지금은 싸우거나 도망쳐야 한다는 강력한 신호를 보내는 것이 가장 시급하기 때문이다. 그런데 경고신호를 계속 무시하면서 스스로에게 두려워하면 안 된다고 채근하거나 신호 자체를 무력화하는 행위는 내 마음속에 있는 가장 안전한 장치의 전원을 꺼버리는 것이나 마찬가지이다.

두려움을 인정한다고 해서 타나토스^{thanatos}(고통, 좌절, 파괴, 죽음을 대변하는 것)의 세계로 들어가는 것이 아니다. 다른 사람에게 상처를 입을까, 내게 무슨 일이 생길까 두려움을 느끼면 삶에 더 집중하게 된다. 어떻게 하면 나와 사랑하는 사람들을 지킬지 대비하게 하고, 두려움에서 벗어나 어떻게 상처로부터 회복할 수 있을지 그 방법을 찾게 한다. 물론, 우리 마음이 맞서 싸우지 말고 도망치라고 말할 수도 있다. 이 또한 부끄러운 일이 아니다. 그것이 최선일 때는 도망쳐야만 한다. 두려움으로부터 탈출하는 것은 결코 비겁한 일이 아니라, 내면을 보호하기 위한 현명한 방책이다. 조심하는 사람이 육체적으로 덜 상한다. 당연한 이치다. 어릴 때 두려운 것 없이 날뛰는 아이들이 팔, 다리 부러지는 것은 흔한 일이니.

두려움은 상황을 있는 그대로 보여주고, 우리를 본능의 세계로 이끈다. 우리가 할 수 있는 최선은 두려움을 부정하는 것이 아니라 어떻게 그 두려움과 우리 삶을 조율할 수 있을지 생각하는 것밖에 없다. 두렵다면 은폐하거나 침묵하는 대신 분명하게 확인하고 명명해야 한다. 그리고 두려움이 어디에서 왔는지, 나의 내면에서 비롯되었는지 환경에서 비롯되었는지를 확인한 후, 구체적인 계획과 일상 전략을 구상하여 스스로에게 동기를 부여해야 한다.

무엇보다 전염병이 돌 때는 마스크를 꼭 착용하고, 손을 잘 씻고, 사람 많은 곳엔 가지 않아야 한다. 목숨 앞에서도 쿨한 태도는 목숨이 세 개 정도 됐을 때나 겨우 가능할까 말까 한 일이다.

혐오가 없으면 도덕도 없다

혐오는 어떤 대상이나 사람을 기피하거나 싫어하는 감정이다. 때로는 분노가 동반되어 극도로 미워하는 감정으로 나아가기도 한다. 강력한 감정임에도 가장 잘 잊히고 가장 천대받는 감정이기도 하다. 혐오의 감정과 함께 흔히 장애인, 성소수자, 인종, 특정 성별, 가난 등등의 단어를 떠올리기 때문이다.

혐오는 대체로 고정관념에 의해서 생기고, 이 고정관념은 우리가 원하든 원치 않든 활성화될 수 있다. 그리고 한번 활성화되면 타인을 판단할 때 그 고정관념을 확증하는 경향이 있다. 아무리 편견 없는 사람이라고 스스로 자신할지라도 나도 모르는 사이에 고정관념이 활성화될 수 있다. 그렇기에 어떤 사람이나 집단을 고정관념에 의한 부정적인 눈으로 바라볼 가능성은 항상 존재한다.

일반적으로 자기가 속한 내집단(무리 짓기, 내 편)보다 외집단(구별 짓기, 남의 편)의 사람을 만날 때 공포와 혐오 등의 감정이 자동적으로 유발된다. 이것이 극단으로 가면 외집단에 있는 사람들을 인간성을 갖추지 못한 존재로 보고 동물에 직접적으로 비유하는, 즉 비인간화dehumanization하는 현상이 나타나기도 한다. 1차 세계대전 중에 미국은 독일인을 동물적인 성욕과 공격욕의 지배를 받는 야만적인 유인원으로 그렸다. 2차

세계대전 중 나치는 유럽의 유대인을 질병을 옮기는 쥐로 묘사했으며, 미국은 일본인을 해로운 작은 동물로, 일본은 미국을 피에 굶주린 독수리로 각각 묘사했다. 백인 미국인은 오랜 기간 흑인 미국인을 원숭이나 유인원과 동일시했고, 이러한 비인간화는 흑인 용의자에 대한 물리력 사용을 정당화하는 데 이용되기도 했다. 현재 우리나라에서 자신이 속하지 않은 외집단의 구성원을 '~충'으로 부르는 것도 이에 해당한다.

이렇게 자신과 상관없는 외집단의 사람들을 해충이나 동물 등에 비유하는 이유는 대상 자체를 인간이 아닌 동물 이하의 존재로 전락시켜 자신이 그들에게 행하는 폭력과 억압, 심지어 살인에 대한 심적 고통과 불안을 감소시키거나 아예 차단하기 위함이다. 1975년 앨버트 반두라^{Albert Bandura}가 행한 연구에서도 사람을 인간적인 용어로 묘사했을 때에 비해 비인간적인 용어로 묘사했을 때 참가자들이 더 높은 강도의 전기 충격으로 피실험자들을 처벌하는 경우가 많았다.

그런데 고정관념의 확증편향으로 발생하는 혐오가 항상 나쁜 결과만 초래하는 것은 아니다. 혐오를 뜻하는 단어 중 하나인 'disgust'는 '맛이 없다'는 라틴어에서 유래했다. 실제로 혐오는 맛과 연관되어 있기도 하다. 예전에 특정 음식을 먹고 체해서 토하고 고열에 시달린 적이 있다면 그 기억이 뇌리에 남아 다음부디는 해당 음식을 기피하게 된다. 이를 심리학에서는 '맛 혐오 학습^{taste-aversion learning}'이라고 부른다. 다음에는 같은 음식을 먹어도 아무 이상이 안 생길 수 있지만, 우리의 생존본능 자체가 다시 그 음식을 먹으면 안 된다고 경고하는 것이다. 때로는 다른 사람의 표정만으로도 이 혐오의 감정을 읽을 수 있기 때문에 직접 경험하지 않고도 혐오 대상으로부터 도망칠 수 있다.

식당에서 어떤 음식을 먹을까 고민하던 찰나에 누가 자신이 주문하려던 음식을 먹으며 혐오의 표정을 짓고 있다면 우리는 굳이 그 음식을 시키지 않게 된다. 썩은 냄새, 불쾌한 소리 등 오감이 가장 강력하게 연결되어 있는 감정이 혐오인 것이다.

강아지에게 한번 물린 아이가 다시는 강아지 옆에 가지 않는다거나, 자신에게 상처를 준 친구와 비슷하게 생긴 친구를 보면 피한다든가 하는 경험은 일종의 편견에서 비롯된 혐오지만, 자기 자신을 보호하기 위한 강력한 도구이기도 하다. 또한 바퀴벌레, 쥐, 배설물, 토사물, 시체, 부패한 고기, 진액이 흘러나오거나 끈적거리거나 냄새가 나는 곤충 등에 대한 혐오감으로 인류는 전염병을 피하는 진화적 심리 적응을 해왔다. 이처럼 혐오는 오염원과 일정한 거리를 유지함으로써 우리의 건강권을 지키려는 안전장치이자, 두려움과 마찬가지로 강력한 생존 기제이기도 하다.

그뿐 아니라 우리는 비도덕적이고 비인간적인 행위에 대해서도 혐오감을 느낀다. 최근의 수많은 연구는 사기, 학대와 같은 사건을 접할 때 느끼는 감정이 곰팡이 핀 식빵 같은 불결한 음식을 볼 때 느끼는 감정과 같다는 것을 보여주었다. 비도덕적인 사건을 봤을 때와 곰팡이 핀 음식을 봤을 때 같은 뇌 부위가 활성화되면서 같은 얼굴 근육들로 역겹고 혐오스러운 표정을 만들어낸다. 즉, 범죄 등을 봤을 때는 혐오의 감정과 함께 생리적인 반응까지도 나타난다.

일명 혐오 박사로 불리는 혐오 연구의 대가 폴 로진^{Paul} ^{Rozin} 펜실베이니아대학교 교수는 혐오를 "어떤 대상이 자기 몸 안으로 들어와 자신을 더럽힌다는 느낌"이라고 설명하며 혐오가 나쁜 음식을 피하고자 생겨난 방어기제이지만, 도덕적 규칙을 위반하는 누군가에게도 혐오를 느낄 수 있다고 설명했다. 그가 수행한 연구 결과에 따르면, 혐오는 우리의 동물성을 기억하게 만드는 사건에 대한 거부감이다. 게다가 인종차별과 비인격적이고도 부정적인 행동을 보이는 사람에게 혐오를 느낀다는 것은 우리가 사회질서 안에서 인간의 존엄성을 보호하고 있음을 의미한다고 설명한다.

혐오는 이처럼 우리를 지키기 위한 원초적 감정으로서 명백한 오염물에만 반응하던 감정이었으며, 사회질서와 인간성 유지에 필요한 도덕관에까지 연결된 감정이었다. 그런데 오늘날 어떠한 이성적인 과정과 개인 및 사회적인 검열의 과정도 없이 오염원을 사회 구성원으로까지 확장하고야 말았다. 하나의 문화권에서 구성원 중 일부를 오염원으로 낙인찍어 가르치는가 하면, 자신과 취향이 다른 사람을 단지 자기 마음에 들지 않는다는 이유로 혐오하는 지경에 이르렀다. 이처럼 확장된 혐오를 '투사적 혐오'라고 부른다. 인종, 국적, 민족, 종교, 성별, 소수자, 장애인, 외모, 신체적 차이, 연령 등 우리를 지키는 것과는 아무런 상관도 없는 다양한 혐오로 인간은 고통스러워졌다. 고통에서 벗어나기 위한 감정이 고통을 선사하는 감정으로 전락한 것이다.

놀라운 사실은, 어떠한 접점도 없이 정반대에 있는 감정이라고 생각되는 사랑과 혐오가 뇌의 같은 회로에서 처리된다는 점이다. 우리가 어떤 대상이나 사람을 사랑하는 방식 그대로 누군가를 혐오할 수 있다는 말이다. 이처럼 사랑도 혐오도 그 본질은 같았을 것이다. 우리의 안전, 생명, 존재가치를 지키기 위한 감정이라는 본질 말이다. 사랑도 변질되면 집착이 되어 누군가를 해칠 수 있는 것처럼 혐오도 변질되면 지키는 것에서 파괴하는 것으로 변질되어버린다.

도덕규범을 파괴하는 행위에 대한 혐오, 존재를 폄하하는 혐오에 대한 혐오, 분리와 편 가르기에 대한 혐오 등은 나의 공동체와 너의 공동체를 구분 지어 인류를 파편화하는 것이 아닌, 공동체 내의 질서를 유지하는 도덕정서로 기능하고 있음이 분명하다. 정치적 정의를 외치며 대통령을 탄핵했던 시민의식, 범죄 피해자들을 위해 청원에 동참하는 국민정서 모두가 이 혐오의 감정에서 비롯되었듯, 그 대상에 따라 혐오의 감정 역시 소중하고 필요한 감정이다.

2장. 감정에 관한 흔한 오해들

욕망을 부끄러워하지 말 것

동양의 전통적 칠정(일곱 가지 감정)에는 희노애락애오욕 喜怒哀樂愛惡慾이 있다. 이때의 '욕'은 욕심으로 표기되기도 하고 욕망으로 표기되기도 한다. '무언가를 바라는 마음'이라는 뜻에서는 거의 차이가 없다.

프랑스의 정신분석학자 자크 라캉Jacques Lacan은 지그문트 프로이트Sigmund Freud가 쓴 욕망을 욕구need, 요구demand, 욕망desire으로 세분하여 욕구는 생리적인 충동으로, 요구는 언어화된 욕구로 설명한다. 그리고 욕망은 소망wish으로 번역하여 욕구와 요구의 간극에서 생겨나는, 충족될 수 없는 감정으로 설명했다. 라캉은 욕망은 인간의 본질이라고 주장했고, 또 다른 관점에서는 모든 감정의 시초라고 해석하기도 했다. 어떤 이들은 열망, 기대, 염원과 궤를 같이하는 것으로 보기도 하며, 넓은 범주에서 이상, 신념, 이타심 등을 욕망이라고 일컫는 사람도 있다. 고대 힌두교 경전에는 욕망이 '영혼의 원초적 씨앗이자 기원'으로 묘사되기도 했다.

지금까지 욕망이라는 단어를 마주했을 때 감정과는 차원이 다른 그 무엇이라고 오해해왔을 것이다. 동양사상에서도, 서구의 심리학에서도, 욕망을 감정으로 분류해왔다. 욕망을 해석하고자 하는 여러 시도를 봤을 때, 욕망이란 인간의 가장 시원적이고 본질적인 감정임에 의심의 여지가 없다. 그러나 동시에 가장 위중한 감정이기도 하다. 욕망에 대한 세간의 무관심은 지금까지 정당하게 여겨졌으며, 욕망은 당연히 내팽개쳐야 할 구차하고도 남루한 것에 불과하였으므로.

왜 우리는 그토록 욕망을 천시했을까. 이는 즐거움을 추구하고 고통을 회피하려는 쾌락주의^{hedonism}와 욕망이 서로 맞닿아 있다고 생각했기 때문이라 짐작해본다. 많은 사람이 욕망을 불필요한 것을 바라는 잉여의 본능, 매혹하는 모든 것을 뿌리칠 수 없는 충동성, 윤리적이고 영적인 영역을 완벽하게 방해하는 동물적인 본능으로 받아들였을 것이다. 물론 자크 라캉은 욕망을 절대 충족할 수 없는 잉여의 감정으로 해석하기도 했다. 그의 해석이 맞다고 해도 잉여이기 때문에 나쁜 감정이라고 확대해석하는 것이 옳은 일일까.

다시 한번 말하지만 모든 감정에는 긍정의 측면과 부정의 측면이 동시에 깃들어 있다. 동양의 사상가들도 여기에 동의하며, 우리 감정을 관할하는 뇌의 센터에도 부정적인 파트 자체가 없다. 윌리엄 제임스<u>William James</u>와 칼 게오르그 랑게<u>Carl Georg Lange</u>는 모든 감정은 내부의 장기와 근육이나 신경조직에서 발생하는 변화에 대한 감각이라고 주장했다. 그러므로 본능적 감정은 부정적 감정과 아무 관련이 없으며 욕망에 대한 부정적인 느낌과 판단도 상당히 인위적일 수 있다는 것이다. 욕망 하나에도 수많은 긍정적 평가와 부정적 평가가 뒤섞여 있다. 누군가는 욕망을 삶의 원동력으로 묘사했으며, 누군가는 불행의 원인이라고 묘사했다. 욕망을 인생의 동력으로 삼은 자에게는 그것이 신의 축복이었을 것이며, 남의 욕망을 탐내고 빼앗으려다 탈진한 자에게는 욕망 자체가 저주였을 것이다.

이쯤에서 왜 누군가에게는 욕망이 긍정이었고, 누군가에는 욕망이 부정이어야만 했는지, 욕망이 존엄해지려면 욕망을 어떻게 처리해야 하는지를 논의해보는 것이 더 건전하리라 본다. 감정은 깔아뭉개야 할 것이 아니라고 한결같이 주장한바, 욕망이라는 감정도 예외는 아닐 것이므로.

네덜란드의 철학자 스피노자Spinoza는 "인간의 모든 행동은 욕망에 의해서만 생겨난다"고 단언하며, 욕망이 있기에 인간이 몸을 움직일 수 있으며 욕망 없는 상태는 아무것도 할 수 없는 식물과도 같은 상태라고 했다. 원초적인 행동부터 고차원적 사고를 필요로 하는 행동에 이르기까지 인간의 모든 행동은 욕망에 의해 실현되며 욕망이 있기에 인간이 고귀한 생명일 수 있다고 주장했다. 욕망이 결코 저급한 감정이 아니

2장. 감정에 관한 흔한 오해들

라는 철학자의 말이 조금은 위안이 되지 않는가.

　스피노자는 욕망을 실현할 수 있는 힘을 역량이라고 했다. 그의 말대로라면 욕망은 우리 영혼의 근원적 요소이므로 결코 버려서는 안 되며, 오히려 그를 실현하고 보다 현명한 길로 인도해줄 내부의 힘을 기르는 편이 더 좋다. 소크라테스가 정신은 늘 위대하고 육체는 늘 미천하므로 욕망이 이성에 의해 판단되고 유보된다고 결론 내렸다면, 스피노자가 나타나 드디어 정신과 육체는 하나이며 욕망은 이성의 하위가 아니라고 주장한 것이다. 이는 인간 해방을 선포한 것이나 다름없다.

　심리학에서도 욕망의 신체적 측면을 설명한다. 욕망이 뇌를 자극하면 신경전달물질인 도파민이 활성화된다. 뭔가를 욕망하면 기분이 좋아지는 이유는 바로 도파민이 분비되어서이다. 스탠퍼드대학교의 브라이언 넛슨Brian Knutson도 원하는 것을 생각만 해도 행복해진다는 사실을 확인했다.

　인간은 안전과 성장의 욕구를 동시에 지닌 존재이다. 그리고 인류는 생존을 욕망하도록 진화해왔다. 의식주가 해결되지 않았을 때는 물질적인 것을 욕망했고, 후손을 남겨야 하는 사람은 다자녀를 욕망했으며, 전염병으로 많은 사람이 죽어갈 때는 건강을 욕망했다. 욕망이야말로 안전과 성장에 필요한 것을 얻고자 하는 강력한 감정이었던 것이다. 그런데 생존과 필요에 의한 욕망이 어느 순간 집착의 욕망으로 둔갑하고, 욕망의 굴레에서 벗어날 수 없게 되고, 남의 욕망을 욕망하게 되어버렸다. 이는 무한경쟁 속에서 비교와 열등감이 만들어낸 산물이다.

그 과정에서 욕망은 마치 중독처럼 헤어 나올 수 없는 감정이 되었고, 마치 배가 고프지 않은데도 감정적 허기를 느낀 나머지 자꾸만 먹을 것을 찾는 것처럼 욕망도 그러한 방향으로 변해왔다. 욕망의 굴레에서 빠져나오지 못하는 이유는 딱 하나이다. 지금의 욕망이 정확히 무엇을 말하는지, 욕망이 전하고자 하는 말을 자세히 듣지 않기 때문이다. 내가 욕망하는 것이 정확히 무엇인지 알려고 하지 않기 때문이다.

이를테면 남편에게 사랑받고 싶은 욕망이 채워지지 않아 그것을 쇼핑으로 대신하는 사람이 있다. 남과 친밀한 관계를 맺고 싶은 욕망이 채워지지 않아 그것을 먹는 행위로 푸는 사람이 있다. 친구에게 관심을 받고 싶은 욕망을 친구의 물건을 훔치는 것으로 표출하는 사람도 있다. 타인에게 인정받고 싶은 욕망이 아무리 노력해도 채워지지 않으니 차라리 남을 시기, 질투하며 흠집 내는 데 골몰하는 사람도 있다.

2장. 감정에 관한 흔한 오해들

이처럼 욕망의 목적을 정확하게 인지하지 못하기 때문에 다른 곳으로 자꾸만 눈을 돌리고, 애초의 욕망은 방치되어 결코 채워지지 않으니 계속 욕망을 욕망하게 되어버린다. 자꾸 물질적인 것으로, 다른 욕망의 실현으로 진짜 욕망을 덮으려고 하니 계속해서 욕망 중독에 빠질 수밖에 없는 것이다.

욕망이 존엄해지려면 욕망의 존재 이유와 목적 자체를 분명히 해야만 한다. 그것이 나의 안전과 성장에 가치 있는 것이어야 한다. 도무지 갈피를 잡지 못하겠고, 행위의 결과가 좋을지 나쁠지 짐작할 수 없는 순간에조차 나의 능력이 허용하는 지점에서부터 욕망이 시작되어야 한다. 그래야 욕망이 샛길로 빠져 변질되지 않고 나를 병들게 하지 않는다. 그제야 욕망이 내면에 있는 잠재력과 열정에 불을 지피고, 행동과 노력을 이끌어내며 능력과 역량을 키우는 역할을 해낼 것이다.

당신의 감정이 당신에게 하는 말

상처에도 이름이 필요하다

"나는 여태 살면서 한 번도 상처받았다는 말을 해본 적이 없어요. 상처받았다고 말하는 순간 상처는 진짜 상처가 돼요. 그러니 상처받았다고 말하지 않으면 상처도 상처가 아닌 게 되는 거지요."

상처에 굴복하고 싶지 않다는 열망으로 가득한 누군가가 이런 말을 한 적이 있다. 많은 사람이 이와 비슷한 생각을 하고 있을지도 모르겠다. '상처받지 않기'가 우리 삶의 큰 의미일수록 상처를 숨기게 된다. 상처받은 삶이 마치 패배한 삶과 동일하게 느껴질 테니까.

숲에서 나무가 쓰러졌는데, 아무도 그 소리를 듣지 못하고, 아무도 그 모습을 보지 못했다고 해서 나무가 쓰러지지 않았다고 말할 수는 없다. 우리가 우주의 의미를 알려고 하기 전에도 우주는 이미 무언가를 뜻하고 있듯이, 상처도 우리가 상처로 받아들이고 그 의미를 알기 전부터 이미 상처로서 역할을 하고 있다. 상처를 상처가 아니라 말하고 고통을 고통이 아니라고 말한다고 해서 무의식에 남아 있는 상처와 우리 몸이 기억하고 있는 고통까지 지울 수는 없다.

강자의 가면을 쓰기 위해 상처를 부정하는 사람도 있지만, 직면하면 너무 우울하고 슬퍼질까 봐 두려워 차라리 외면하고 말자고 다짐하는 사람도 있다. 슬픔의 둑을 겨우 손가락

하나로 막고 있는데 둑 뒤에 솟구치는 물을 보는 순간 그나마 견디고 있던 것도 모두 다 허물어질 것만 같아서.

내가 인정하지 않으면 상처가 그만 사라질 거라는 기대와 소망이 어디에서부터 비롯되었는지는 짐작이 된다. 때로는 내 남은 마지막 자존심을 지키고 싶어서 상처받지 않았다고 말할 수도 있다. 상처는 강자가 약자에게 주는 것으로 여겨지기 때문에 상처받았다는 선포가 나의 약자성을 사실로 증명하는 언어로 느껴질 것이다. 하지만 상처는 의식하든 하지 않든 우리 마음과 몸에 선명한 자국을 남기며, 상처받지 않았다는 말은 그 자국을 지울 기회를 잃게 만들 뿐이다.

약한 모습을 보이면 위험하다는 느낌과 거절이나 상처에 대한 과도한 의식은 모두 '불안'이라는 감정에서 비롯된다. 그런데 가끔 불안이 쿨함의 가면을 쓸 때가 있다. 쿨병이 대한민국을 거의 잠식하다시피 한 지금, 상처받지 않아야 쿨한 사람이 되고 두려움과 불안을 쉽게 떨쳐버려야 쿨해진다. 쿨함의 핵심은 실제로 '그러함'에 있지 않고 '그렇게 보이는' 데 있다. 즉, 다른 사람의 시선에 의존한다. 따라서 상처받을까 봐 불안해하는 모습, 상처받은 소인배 같은 모습에 대한 어떠한 증거도 보여서는 안 되는 것이다. "나는 한 번도 상처받았다는 말을 해본 적이 없어요. 심지어 나는 상처받은 적도 없어요"라고 굳이 남에게 말해야 하는 이유는 무엇인가. 나의 말을 듣는 청자가 없다면, 내가 어떻게 보여야 한다는 강박도 생겨나지 않았을 테고 '나 너무 상처받았어'를 마음껏 외칠 수 있었을 것이다.

불편한 감정과 상처를 인정하는 사람이 더 쿨하고 강하다고 생각되지 않는가? 진짜 강한 사람이라면 애써 상처를 감추거나 상처받지 않은 것처럼 보임으로써 자신의 대단함을 증명해야 할 이유가 어디에 있는가? 굳이 그런 말을 하지 않아도 이미 다른 사람들이 그의 강함과 대인배다운 모습을 다 알고 있을 텐데 말이다.

자기애의 본능과 외부 시선의 압력으로 자아 이상$^{ego\ ideal}$을 만들어내고 그에 배치되는 것을 부정하는 것, 이는 쿨함이 아니라 자기혐오와 더 유사하다. 상처받지 않는 쿨함을 추구할수록 인간의 근원적 결함에 부딪힐 수밖에 없고 불완전한 삶과 감정에 대한 연약함을 확인할 뿐이다. 당신이 AI가 아닌 다음에는.

인간은 누구나 결손보다 자부심과 우월의식에 사로잡히기를 원한다. 그런 욕구를 배반하는 두려움과 불안이라는 감정이 결코 반가울 리 없으며 자신이 상처받을 정도의 나약한 존재임을 사실로 인정하는 순간 더 괴로워질 수도 있다. 감춰진 상처가 회복 불능의 상태보다 더 편안하게 느껴지는 것은 상처를 보듬는 시간의 험난함을 이미 인지하고 있어서이기도 하다. 하지만 상처 너머의 삶을 동경하는 것 또한 인간의 운명이지 않나.

우리 내면의 상처는 우리 눈에 띄고 싶어 한다. 알아봐 주기를 바란다. 그러니 상처의 이름을 하나하나 불러봐야 한다. 상처로 생긴 흠을 불행이 아니라 회복이라고 부른다면 우리는 다시 정화될 수 있다. 상처라는 대상의 속성을 전혀 알지 못하는 상태에서 그에 대해 알고자 하는 의지마저 버린다면, 우리 안에 있는 해결책을 발견할 수 없다. 과거의 상처가 지금 내게 어떠한 영향을 주고 있는지, 지금 나는 상처로부터 어떠한 것을 배우고 있는지, 상처에서부터 나를 회복할 방법은 무엇인지, 앞으로 그와 똑같은 상황에서 상처받지 않으려면 어떻게 해야 하는지, 내가 가진 두려움이 내게 어떠한 경고신호를 주고 있는지. 나의 상처는 이렇게 끊임없이 나에게 질문하고 있다. 그에 대한 답변은 내가 찾아야 한다.

가장 깊숙한 곳에 숨어 있을수록 상처는 힘이 점점 더 커진다. 아무리 부정하려고 애써도 우리는 이미 상처가 어디에서 비롯되었는지 어디에 저장되어 있는지 알고 있다. 상처 난 마음의 조각 하나를 들고서 찬찬히 살펴보기란 상당히 어렵지만, 회복될 수 있는 절호의 기회이기도 하다. 상처를 상처로 인정하고 상처받았다고 말하는 순간 우리는 나와 세상의 관계를 재건할 수 있으며, 더 나은 방향으로 변화를 만들어갈 수 있다. 더 이상의 상처를 허락하지 않겠다고 다짐하면서.

스트레스는 감정에서 시작된다

아무리 스트레스의 긍정적인 영향을 밝혀내고, 스트레스의 효용성을 주장하는 사람이 점점 늘어나도 스트레스가 미치는 부정적 영향과 그로 인한 극단의 상황을 결코 간과할 수는 없을 것이다.

스트레스는 만성위염, 암 등의 육체적 질병뿐 아니라 공황장애, 우울증 등의 정신질환을 일으키기도 한다. 스트레스가 만성화되면 해마 크기가 작아질 뿐 아니라 신경세포와 새로운 뉴런 생성이 억제되어 기분 개선 능력이 떨어진다. 또한 급격한 스트레스로 인해 통제감을 상실하게 되면 자살로도 이어질 수 있다. 과도한 스트레스가 한순간에 집중적으로 올 때는 스트레스의 후유증으로 외상후스트레스장애, 급성 스트레스장애 등에 걸릴 수 있으며, 적응장애에 걸리기도 한다.

심리학에서 스트레스란 외부의 위협이나 도발 등에 대항해 신체를 보호하려는 심신의 변화 과정 등을 뜻하며 생체에 가해지는 상해 및 자극에 대하여 체내에서 일어나는 비특이적인 생물 반응을 통칭한다. 일부에서는 스트레스 자체를 감정으로 정의하기도 한다. 스트레스 상황은 모두 다르지만, 스트레스의 발생 구조는 비슷하다. 외재적인 사건과 내재적인 감정이 서로 충돌을 일으킬 때 스트레스가 유발된다. 외부의 위협과 도발이 내게 어떠한 감정적 동요를 일으키지 않는다면 사건은 스트레스의 요인으로 작용하지 않는다. 즉, 스트레스는 상황이 아니라 감정의 불편함 때문에 생겨난다. 감정적으로 풀리지 않은, 해결되지 않은 찌꺼기가 마음속에 남아 영향을 미치는 것이다. 스트레스 상황이 펼쳐질 때마다 감정을 바로바로 해소하지 않으면 그것은 어디로 날아가고 저절로 없어지지 않고, 미해결 상태로 내면에 차곡차곡 쌓인다. 언젠가는 풀어야만 하는 숙제처럼 되어버린다. 그러다 더 이상 쌓을 공간이 없거나 감당할 수 없는 지경에 이르면 모든 감정이 동시에 화산 터지듯 폭발하고 걷잡을 수 없는 파국으로 치닫고 만다.

그런데 우리는 스트레스의 원인을 상황과 타자에서만 찾으려고 든다. 이 상황만 벗어나면, 저 사람만 보지 않으면 스트레스가 풀릴 거라고 생각한다. 그러니 끊임없이 벗어나고자 하는 노력밖에 할 수 없는 것이다. 고등학생은 대학생만 되면, 대학생은 취업만 하면, 직장인은 퇴사만 하면, 부모는 육아만 끝나면, 부부는 이혼만 하면, 자식은 독립만 하면 등등 주어진 상황만 벗어나면 된다고 생각하기에 급기야 죽음으로써 상황을 벗어나려는 지경에 이른다. 어떤 이로부터, 어떤 상황으로부터 위협이나 고통을 받았을 때 거기서 벗어나기만

하면 모든 스트레스가 날아가고 마음이 편해질 것만 같겠지만 실제로 그런 적이 있었는지를 떠올려보면 전혀 그렇지 않다는 것을 알 수 있다.

스트레스를 유발하는 상황과 사람만을 놓고 고민하는 태도는 지나치게 피상적이고 수동적이다. 그로부터 한 발짝 벗어나서 내가 느끼는 감정에 집중해야 근본적인 원인을 찾고 문제를 바로잡을 수 있다. 갈등은 침입해 들어오는 요인이 나의 감정을 자극하고, 이에 대한 감정적 반응이 행위나 결과로 이어지는 형태를 띤다. 그런데 우리는 중요한 중간 과정인 감정에 대해서는 잘 살피지 않고, 침입자에 대한 반응과 행위를 곧바로 일직선으로 그어버린다. 우선은 스트레스 상황에서 느껴지는 감정을 잘 처리할 수 있는지 없는지를 생각해봐야 한다. 스트레스를 받는 상황에서 가진 정보가 많으면 많을수록 더 잘 대처할 수 있다. 그중 감정은 가장 중요한 정보이다. 그날의 감정이 수치심이었는지, 슬픔이나 우울감이었는지, 두려움이었는지 핵심 감정을 찾아내야만 한다.

불편한 감정은 상처의 흔적과도 같다. 상처를 주는 대상과 상황이 사라져도 상처의 흔적은 그대로 남는 것처럼, 보지 않고 겪지 않는다고 해서 그때 느꼈던 감정까지 사라지지는 않는다. 문득문득 그 사람이 떠오르고 그 상황이 떠오른다. 내게 왜 그런 일이 생겼을까 곱씹고, 복수심에 불타오르기도 한다. 그 상황만 벗어나면 지속적 경험이 비지속적 경험으로 전환될 줄 알았겠지만, 비지속적 상태가 지속적 감정을 불러오는 것이다. 때로는 비슷한 사람, 비슷한 사건만 겪어도 그때 상황이 떠올라 나도 모르게 대상이나 상황 자체를 피하게 되기도 한다. 급기야 나에게 몹쓸 짓을 한 상사, 나를 배신한 친구와 비슷하게 생긴 사람만 봐도 경기를 일으킨다.

불쾌한 사건이 발생하면 자꾸 피하고 억압하려는 데서 벗어나 감정의 심연 속에 머물러야만 내 감정을 돌볼 기회를 가질 수 있고, 과거에서 벗어나 현재를 살 수 있다. 심리학에서는 감정을 마치 순환하는 혈액처럼 여긴다. 하나의 감정이 들어오고 나가야 다음의 새로운 감정이 들어올 수 있다는 것이다. 불편한 감정과 부정적인 생각이 지속되면 그것은 나의 주된 정서가 되고, 늘 짜증이 난 상태, 늘 화가 난 상태, 늘 우울한 상태가 나를 지배하게 된다.

내가 못나서 자꾸만 그때의 사건이, 그 사람이 생각나는 게 아니다. 그때 내 감정은 나에게 또 남에게 무엇인가를 말하고 싶었을 것이다. 내가 혹은 남이 들어주지 않았던 것뿐이다. 나는 왜 이렇게 작은 일에도 계속 스트레스를 받고, 스트레스를 극복할 수 없을까 의문이 든다면 당신의 어떠한 감정이 편안해지고 싶다고 신호를 보내는 것이다.

우리 안의 폭풍은 우리를 망치려는 목적이 아니라 우리를 잠잠하게 하려는 목적으로 지금도 거세게 일고 있다.

감정 속에 숨은
진짜 감정은 무엇인가

우리는 감정 자체를 외부세계에 대한 반응으로 받아들이는 경향이 있다. 누가 이렇게 했기 때문에, 상황이 이렇게 되었기 때문에 특정 감정이 촉발된다고 생각한다. 하지만 감정은 일반적이거나 보편적인 특성을 가졌다기보다 지극히 개인적이고 주관적인 무엇인가로 인해 야기된다. 즉, 우리 안에는 저마다 과거 경험이나 특정한 사례로 인해 감정이 만들어지는 인과 메커니즘이 있다.

경험과 사례로 감정이 구성되는 메커니즘을 가장 적절하게 설명할 수 있는 단어가 '초감정meta emotion'이다. '감정에 대한 감정'을 뜻하는 초감정은 개인의 경험이 어떻게 감정을 만들어서 도출하는지를 가장 여실히 보여준다. 감정에 대한 편견, 감정 속에 숨은 감정, 감정 너머의 감정 등으로 표현되기도 하는 초감정은 아기 때부터 시작해서 아주 오랜 시간 형성되어 우리가 감정을 바라보는 인식을 형성한다. 보통은 무의식적으로 일어나기 때문에 알아차리기 어렵지만, 초감정을 인식하지 않으면 모든 감정의 혐의를 다른 사람에게로 돌리는 과오를 저지를 수 있다.

어린아이가 울고 있다고 가정해보자. 누군가는 우는 아이를 보며 동정할 것이고, 누군가는 안타까워하며 함께 울 것이며, 누군가는 화를 낼 수도 있다. 어떻게 작고 연약한 아이의 우는 모습을 보며 화를 낼 수 있는지 의아해하는 사람도 있을지 모르겠다. 하지만 많은 부모가 우는 아이를 보며 화를 낸다. 그럴 때는 자신이 스트레스가 너무 심해서 그렇다고 생각하기도 하고, 감정이 극에 달해서 더 이상 참을 수가 없어 폭발해버렸다고 느낄 수도 있다. 물론 실제로 그러기도 한다. 아니면, 남의 아이에게는 화를 낼 수 없지만 내 아이니까 화를 낼 수 있다고 생각했을 수도 있다. 원래 남은 어렵고, 가족은 쉬운 법이니까. 그런데 이런 내 반응이 평소의 일반적인 패턴인지 아니면 일시적으로 일어난 사건인지를 살펴봐야 한다. 어쩌다 스트레스가 쌓여 화를 내는 게 아니라, 우는 사람에 대해 대체로 보인 반응이 화는 아니었는지를 점검해봐야 한다.

어렸을 때부터 강해져야 한다는 말을 자주 들었던 사람, 강한 사람이 되고자 애썼던 사람, 우는 건 창피한 행동이라는 메시지를 받았거나 운다고 비난과 경멸의 말을 들은 사람은 강한 것과 거리가 멀어 보이는 행위, 즉 나약함으로 표징되는 감정을 드러내는 사람을 보면 거부감을 느낀다. 우는 아이를 보며 화를 내는 것이 누군가에게는 잔인하고 수용되지 못할 행위일지 모르겠으나, 이러한 감정적 경험을 가진 사람은 우는 아이를 보면 왜 우는지 이해할 수 없고 우는 행위 자체를 못 견뎌한다.

똑같은 빵을 보고도 누군가는 딱딱하다고 말할 수 있고, 누군가는 부드럽다고 말할 수 있다. 타인과 타인의 감정을 인식할 때도 마찬가지이다. 여러 사람이 모인 자리에서 어느 한 사람의 이야기를 듣고 누군가는 흥분할 수 있지만, 누군가는 평온할 수 있다. 특히 내가 여느 사람과 다른 조금은 특이한 감정적 반응을 보이고 있다면 내 안에 있는 초감정이 나를 움직였기 때문이다.

감정을 솔직하게 표현하는 이를 못 견뎌하는 사람이 있었다. 그는 누군가가 감정을 말할 때마다 늘 비난을 일삼았고, 표현 방법 자체를 지적하는 말도 자주 했다. 그리고 그런 식으로 표현하는 사람에게 모든 문제의 원인이 있다고 여겼다. 그가 남의 감정 표현이 잘못되었다고 쉽게 비난할 수 있었던 이유는, 당연히 남에게 문제가 있고 잘못된 것은 비난해도 된다고 생각했기 때문이었다. 본인은 자기가 싫어하는 특정 사람에게만 그런 반응을 보이는 줄 알았지만 사실 그러한 태도는 이미 패턴화되어 있었다. 자신의 감정적 경험 때문에 그러한 반응이 나온다는 것을 전혀 모른 채 말이다. 심지어 많은 사람이 모인 자리에서 모두 똑같은 말을 들었는데, 혼자서만 언짢은 반응을 보이기도 했다. 그리고 다른 사람들에게 자신의 불편한 마음이 옳지 않느냐고 계속해서 확인하고, 반복해서 동의를 구했다.

　그는 어렸을 때부터 자신이 느끼는 것을 제대로 말할 기회가 없었다. 그렇기에 다른 사람의 감정도 인식하거나 탐지할 수 없었다. 감정을 표현하는 자신은 하찮고 미숙한 존재로 여겨졌을 뿐이다. 그의 감정은 어느 때 누구에게도 수용되지 못했다. 자비를 경험하지 못한 사람이 어떻게 자비를 실천할 수 있으며, 자기 자신에게도 자비를 베풀지 못하는 사람이 어찌 남에게 자비를 베풀 수 있겠는가. 자신의 감정이 인정을 받고 수용받았던 적이 없으니, 그 역시 남의 감정에 인색하게 반응했다. 속마음을 이야기하는 사람이 어리석게 보였고, 어리석은 사람을 마주했다는 생각에 불쾌감이 들었다. 자신만의 감정적 경험, 즉 초감정으로 인해 감정을 표현하는 사람 자체에 거부감을 느꼈던 것이다.

　초감정을 인지한다고 해도 이를 고치거나 수정하기는 어렵다. 초감정의 존재를 파악하는 목적은 감정과 행위 간의 맥락을 알기 위함이다. 초감정을 모르면 감정이 나도 모르게 그저 순간적으로 촉발되었다고 생각하거나, 남이 나를 자극했기 때문에 그랬다고 믿고 끊임없이 외부에서 원인을 찾을 수밖에 없다. 하지만 초감정의 존재를 인지하는 순간 나의 내부로 관심을 돌릴 수 있다. 굳이 누군가를 나의 희생양으로 삼지 않아도 된다.

초감정은 내 의지가 아니라 과거에 내게 주어진 환경, 타인에 의해 조장된 경험 등으로 조성된다. 그렇기에 나를 비난하거나 남을 흠집 내는 데 정당성을 부여하기 위해 작동해서는 안 된다. 마찬가지로 모든 상황에서 모든 사람이 똑같은 감정을 공유하지 않는다고 하여 쉽게 남을 비난할 수 없고, 특정 상황에서 일어나는 특정한 감정을 비난할 수 없다. 이것이 우리가 초감정을 인식해야 하는 유일한 이유이자 목적이다.

"나는 누가 _____ 할 때마다 _____을 느낀다."

이 빈칸을 채울 수 있어야 한다. 그래야 어려운 초감정을 파악하고, 해석하고, 표현할 수 있다. 필요하다면 상대에게 자신의 초감정에 대해 이해를 구해야 한다. 과도하게 누군가를 비난하거나 화를 냈다면, 나의 초감정의 역사에 대해 설명하고 용서를 구할 수 있어야 한다. 너에게 문제가 있어서가 아니라 감정에 대한 나의 편견 때문임을, 내 역사의 한 부분이 강하게 작동하고 있었음을.

수치심을 넘어 존엄함으로

아무도 없는 운동장에서 혼자 뛰다가 넘어졌다고 해서 수치심을 느끼는 사람은 없을 것이다. 그런데 사람 많은 지하철에서 넘어질 때는 문제가 달라진다. 옆에서 쑥덕거리거나 키득거리는 소리라도 들리면 어디라도 찾아 들어가 얼굴을 숨겨야 한다. 이처럼 우리가 수치심을 느끼려면 남이라는 존재가 꼭 있어야 한다.

수치심과 죄책감은 종종 서로 비교되곤 하는데, 죄책감은 자기 스스로 느끼는 감정인 데 반해 수치심은 남의 눈빛, 말, 행동이 영향을 미쳐 생겨난다. 죄책감이 개인적이고 주관적인 감정이라면 수치심은 집단적이고 사회적인 감정이기도 하다. 그리고 죄책감은 나의 잘못만 상기시키지만 수치심은 그것을 넘어 내 존재 자체가 잘못됐다는 생각을 심어주기 때문에 더 치명적이다. 죄책감은 잘못된 행동을 수정하고 불만 상태를 해결해서 더 바람직한 결과를 얻어낼 수 있게 하지만, 수치심은 무언가가 계속 잘못 돌아가고 있다는 느낌에 빠지게 한다. 즉, 수치심은 내가 비정상적으로 느껴지는 극단의 감정이고, 수치심에 빠지면 남이 나를 미워하고 힐난해도 남 탓이 아니라 자기 탓을 하게 된다.

지하철에서 넘어지는 것은 그저 가벼운 해프닝일 수 있다. 이 하나의 사건을 내내 곱씹으며 밤잠을 설치는 사람은 없을 것이다. 이 해프닝의 관객은 어차피 나와 상관없는 사람들이었으므로. 물론 관객 중에 내가 평소 짝사랑하던 사람이라도 있었다면 문제가 달라질 테지만 말이다. 그렇다고 해도 이때 느끼는 감정을 엄밀히 말하자면 일종의 부끄러움이지 수치심은 아닐 것이다.

수치심은 창피함이나 부끄러움 이상의 감정이다. 수치심을 느끼면 자아가 상처를 입고, 그러한 상태를 견딜 수 없게 된다. 수치심에 취약한 사람은 수치심이 자극되는 상황을 피하기 위해, 남에게 비판받는 상황 자체를 몹시 두려워하고 꺼리게 되기도 한다. 결국 남의 눈치를 보게 되고, 부정적인 자아상을 갖게 되고야 만다. 급기야 자신을 혐오하게 되고 자살로 이어지기도 한다. 자신이 잘못된 사람 그 자체라고 생각하고 세상과 단절된 느낌에 빠져서 다른 사람에게 도움을 청할 생각조차 못 하기 때문이다.

"너는 어떻게 된 애가 만날 그 모양이니?"
"네 형의 반만이라도 좀 닮아봐!"
"네가 하는 일이 항상 그렇지 뭐."

혹시 어렸을 때부터 이러한 말을 쉽게 들어오지 않았나. 모르는 사람이 주는 수치심은 사실 우리에게 크게 영향을 미치지 못할 수 있다. 하지만 가장 가까운 가족이나 친한 친구, 교사로부터 수치심이 드는 말을 들으면 우리 영혼은 갈가리 찢긴다. 아마도 이러한 말을 쉽게 했던 사람은 자신의 말이 한 사람의 인격에 그렇게까지 치명상을 입힐지 몰랐을 것이다. 원래 말을 내뱉기가 세상에서 가장 쉽다. 하지만 말은 생각보다 빠르고 상처는 더 빠른 법이다.

조지메이슨대학교 심리학 교수인 준 프라이스 탱니June Price Tangney는 초등학교 5학년 학생 550명을 대상으로 이 아이들이 8학년이 되었을 때와 성인이 되었을 때를 추적 관찰하는 종단연구를 진행했다. 그 결과 어린 나이에 수치심을 경험했을수록 성인이 된 이후에도 살아가는 데 더 큰 어려움을 겪는다는 것을 밝혀냈다.

이렇게 어렸을 때부터 수치심을 느끼게 된 사람은 남이 자기를 어떻게 볼까 항상 불안하기 때문에 주목받는 상황 자체를 싫어하고 피한다. 타인이 자신을 싫어하거나 수용하지 않을지 모른다는 두려움 또한 항상 내재되어 있어서 타인에게 불완전하게 보이는 것을 꺼리고 자신의 진짜 모습을 자꾸만 숨기게 된다. 진짜 자기는 이제 사랑받을 가치가 없어졌기 때문이다. 실제 자기와 이상의 자기 사이에 존재하는 부적절감을 극복하기 위해 완벽과 통제를 추구하지만, 완벽과 통제의 메커니즘은 수치심을 가진 개인의 성장을 방해할 뿐 어떤 것도 이루지 못하게 한다. 타인이 보인 존중의 결여는 자기존중 결여로 변질되고, 자기혐오를 불러온다. 그리고 자신의 가치와 자기 운명에 대한 통제력을 상실하면서 오직 타인의 의견에 따라 사는 신세로 전락하고야 만다. 이는 인간의 존엄성을 완벽히 해친다. 인간이 존엄한 이유는 '자유'하기 때문이다. 존엄함으로서의 자유는 우리 앞에 놓인 어떠한 제약도 뛰어넘는 자유이다. 그런데 타인의 눈, 타인의 입, 타인의 세계에 갇힌 이는 자유는 물론 존엄함까지도 상실하고야 만다.

합리정서행동치료 REBT, rational emotive behavior therapy의 창시자인 앨버트 엘리스Albert Ellis는 수치심을 없애는 방법을 제안한다. 그는 감정 문제는 우리가 가진 신념체계에서 비롯되기 때문에 비합리적인 신념을 논박하여 새로운 신념을 가져야 한다고 주장한다. 즉, 내면의 대화를 통해 스스로를 설득해 자신을 비난하는 환경에 대한 증거가 없음을 인지하고, 온 세상이 나를 받아들일 필요가 없다는 사실을 깨달아야 한다는 것이다. 예를 들면, '중요한 타인에게 사랑받고 인정받는 것은 절대적으로 필요하다'는 생각은 '모든 이의 사랑과 인정을 받으면 좋겠지만, 타인을 인정하고 사랑하는 것이 더 생산적이다'로, '가치 있는 사람으로 인정받으려면 반드시 유능하고 모든 영역에서 완벽하게 일을 성취해야 한다'는 생각은 '누구나 인간적인 한계가 있고 불완전한 존재이다'로 바꾸는 식이다. 즉, 스스로를 설득해 비합리적인 신념체계를 합리적인 신념체계로 바꾸어야 한다.

그리고 엘리스는 스스로를 비판에 자발적으로 드러내 그것이 우리에게 어떠한 영향도 미치지 않음을 확인하라고 제안한다. 거절당한다고 해도 실제로 그 거절이 우리에게 어떠한 영향도 미칠 수 없으며 생각하는 것만큼 치명적이지도 않음을 실제로 경험해보라는 것이다. 그는 거리에서 좋아하는 노래 부르기, 우스꽝스러운 옷 입고 출근하기, 지하철에서 목청껏 역 이름 외치기 등의 행동을 통해 자신을 수치심에 노출하라고 말한다. 심지어 약국에서 콘돔을 사면서 깎아달라고 졸라보기, 정신병원에서 방금 나왔다면서 지금이 몇 년도인지 물어보기 등을 해보라고 제안한다. 이는 곧 내가 그러한 행동을 했을 때 누군가는 나를 이상하게 바라보지만, 누군가는 아무렇지 않아한다는 것을 확인하라는 뜻이다. 실제로 일어나는 반응이 내 예상과 항상 일치하지는 않음을 인지해야 한다는 것이다. 생각 속에서는 끔찍하기만 하지만 막상 행동으로 옮기면 별것 아님을 확인할 수 있다. 엘리스의 조언을 받아들인다면 일반화, 각색, 선택적 주의 등 모든 사고의 오류가 우리를 비현실적인 결론으로 이끌고 있음을 깨달을 수 있다.

엘리스가 제안한 방법은 궁극적으로 '무조건적인 자기 수용'을 이루고자 한다. 수치심으로 괴롭다면 모든 인간이 나처럼 나약하고, 못난 구석이 있으며, 크고 작은 문제를 겪고 있음을 받아들여야만 한다. 나 혼자 못나서 수치스러운 말을 들은 것이 아니며, 나에게 수치심을 선사한 그 사람 역시 때때로 못나고 한심한 사람일 뿐이라는 것을 말이다. 그런 엉망진창인 사람도 자기 자신을 사랑하는데, 왜 내가 스스로를 비하하고 무시하며 심지어 경멸까지 해야 한단 말인가. 그리고 무엇보다 기억해야 할 한 가지가 있다. 바로 나를 자꾸만 질책하고 몹쓸 말을 하는 것은 그의 문제지 내 문제가 아니라는 점이다.

"너는 왜 그 모양 그 꼴이냐"라고 누군가 말한다면 "너는 왜 항상 말하는 게 그 모양 그 꼴이냐"로 돌려줘라. 그렇게 남을 무시하면서 말하는 게 정작 부끄러운 일이라고 말해줘라.

나를 향한 그의 비판과 평가가 무엇에 근거했는지 의심해보라. 결코 합리적이고 이성적인 근거가 아닌 그저 어지러운 자신의 감정 위에 근거했다는 것을 곧 발견하게 될 테니. 그러한 모래성은 그냥 발로 툭 차버리면 된다.

3장. 당신의 감정이 당신에게 하는 말

강한 척은 취약함을
감추려는 시도일 뿐

흔히 세상은 늘 강자와 약자 간 싸움이 일어나는 곳이며, 강한 나라가 약한 나라를 파괴하고 지배할 수 있다고 생각한다. 하지만 남을 괴롭히는 사람도 알고 보면 자신의 취약함에 대한 불안 때문에 괴롭힘을 일삼으며 자신의 강함을 스스로에게 증명하고자 할 뿐이며, 자신들이 더 강한 나라임을 굳게 믿었던 나라도 영원히 일방을 속국으로 삼지 못했다. 인간이 제아무리 강하다고 주장해봐야 찌르면 피 흘리는 건 마찬가지이고, 고층에서 떨어지면 그냥 죽고, 대부분 100년 넘게 살지도 못하며, 간지럼 하나도 제대로 참지 못한다. 무기를 든 사람 앞에서 맨손으로 싸울 수 있는 사람은 액션 영화에나 나오고, 직장에서 당당하게 할 말 다 하는 사람은 드라마 〈직장의 신〉에 나왔던 미스 김밖에 없다. 그조차도 마음에 상처를 가득 담고서 그것을 내보이지 않기 위해 지난한 고통의 시간을 보낸 후, 자신을 방어하기 위해 그렇게 살아가던 것이었다. 그저 인간은 덜 약하고, 더 약하고, 훨씬 덜 약하고, 훨씬 더 약한 사람으로 나눌 수 있을 뿐이다.

그런데도 우리는 무엇을 위해 그토록 서로 강자임을 내세우고, 왜 더 강해지기 위해 자신을 채찍질하는 것일까. 사실, 가장 강해 보이는 사람이 가장 약한 사람이다. 약함을 드러내지 않는 사람은 상당히 예민하다. 그들은 누군가의 사소한 말이나 행동 하나하나에 극도로 민감하고 쉽게 절망감을 느끼기 때문에 자신을 강한 사람으로 포지셔닝한다. 그래서 자신의 강함을 증명할 무언가를 항상 필요로 한다. 부와 명예, 지식, 외모 등 보이는 것에 대한 과도한 집착도 그 때문이다.

표면상으로는 완벽하고 과실이 없는 세상에 살고 있는 것 같지만, 우리는 사실 불확실성이 넘쳐나는 세상에서 살아가고 있다. 그렇기에 사람들은 완벽한 이미지를 보여주려고 필사적으로 노력하는 동시에 약점을 보이지 않으려고 정신을 바짝 차린다. 이때 자아는 연기를 할 수밖에 없다. 오하이오 주립대학교의 한 연구에 따르면 사람들은 '실수했다'고 말하기보다 '화나게 했다면 미안하다'고 말하기가 더 쉽다고 한다. 전자는 자기 능력의 차원이지만 후자는 상대의 정서에 집중하게 만들기 때문이다. 즉, 나의 완벽하지 못함을 인정하기보다 너의 불편한 감정을 책임지겠다고 말해야 자신의 완벽한 자아상이 망가지지 않는다.

그런데 이는 책임을 지는 것이 아니다. 실수를 인정하는 것 자체가 약함을 상징한다는 생각 때문에 문제의 책임을 자신의 실수에 두지 않고 상대의 감정으로 돌려버린다면, 이는 책임 회피일 뿐이다. 그렇게 해야 자신이 더 강해지고, 타인에 대해 더 많은 권한을 갖게 된다고 믿기 때문이다.

흠 없고, 취약하지 않고, 완벽하고, 강한 사람처럼 보이고자 하는 욕망은 사람을 부자유하게 만들고 건강하지 않은 상황을 연출한다. 항상 무엇인가를 억압하고, 감추고, 미화시켜야 하기 때문이다. 이러한 자아상이 매우 강한 사람일수록 약자를 보면 괴롭히고 흠을 지적하기를 좋아한다. 때로는 약한 사람을 자신의 강함을 증명하는 용도로 이용하기도 한다. 그리고 상대가 자신을 받아들여야 관계가 좋아진다는 망상에 빠진다. 타인과의 의견 차이는 나의 부족이 아닌 타인의 부족함에서 기인한다고 생각하기에 관계에 규칙을 정하기 좋아하고, 명령하며, 심지어 자신의 명령에 따르지 않는 사람을 벌주려 한다. 무엇보다 심리적으로 약하기 때문에 위협이 느껴지는 상대와 상황에 즉각적으로 반응한다. 이러한 자기방어는 결국 스스로를 상처 낸다.

취약함은 용기가 부족하다는 뜻이 아니다. 작가이자 휴스턴대학교 교수인 브레네 브라운Brené Brown은 취약성은 사랑, 소속감, 기쁨, 용기, 공감, 창의성이 탄생하는 곳이라고 말했다. 자신의 약한 부분도 드러낼 수 있는 것이 진정한 용기이며, 취약성을 상대에게 솔직히 내보여야 어떤 감정의 공격에도 휘말리지 않는 평안의 상태를 만들 수 있다고 제언한다. 그래야 타인과 연대하고 돕고 서로를 공감하게 되고, 취약함을 극복하기 위해 노력함으로써 창의성이 발현된다는 뜻일 것이다.

취약함은 인간의 본성이다. 그렇기에 강하지 않음은 우리를 덜 가치 있게 만들지 않으며, 굳이 우리 모두가 영웅 행세를 할 필요도 없다. 인간 고유의 취약성을 인정하는 순간 더 이상 가면을 쓰지 않고 살아도 되니, 있는 그대로의 나를 발견하게 된다. 진짜 용기 있는 사람은 자신의 그늘과 어둠을 그대로 보여줄 수 있는 사람이다. 이때의 용기는 넘어지고 쓰려졌을 때 다시 일어날 수 있는 힘을 준다. 이를 심리학에서는 '회복탄력성resilience'이라는 개념으로 설명한다. 회복탄력성이란 인생의 큰 시련이나 좌절이 찾아와도 굴하지 않고 극복할 수 있는 힘을 말한다. 강해지려고 자신을 닦달하거나 포장하기보다 회복탄력성을 기르기 위해 애쓰는 편이 더 이롭다. 실패 없는 인생, 역경 없는 인생이란 거의 불가능하니까.

회복탄력성은 현실을 직시하는 능력에서 비롯된다. 현실의 장애물을 똑바로 바라보고, 그를 있는 그대로 받아들이는 것이다. 부정한 일을 보느라 긍정의 단면을 보지 못하는 것도 아니고, 긍정의 면만을 극대화하는 것도 아니다. 상황을 수용하고 유연해지면 우리가 무엇을 변화시킬 수 있고 무엇을 변화시킬 수 없는지 구별할 수 있게 되고, 정말 중요한 것에만 집중할 수 있다. 진정한 회복탄력성은 이 세상에 완벽한 사람은 없으며 누구나 실수할 수 있다는 것을 인정하고 좌절감에 관대해짐으로써 감정적으로 더 안정된 상태를 유지할 수 있게 해준다.

회복탄력성에 대한 희소식이 있다. 그것이 타고나는 것이나 유전이나 성격에 의해 결정되는 것이 아니라 환경과 상호작용함으로써 평생에 걸쳐 발전할 수 있다는 점이다. 후천적인 노력과 경험으로 얼마든지 키워나갈 수 있다는 말이다. 즉, 회복탄력성은 고정된 능력이 아닌 학습 과정이며 선택에 대한 유연한 태도와 생각의 결과이다. 다양한 시행착오를 통해 회복탄력성을 배울 수 있고, 그럴 때마다 우리는 더 효율적인 극복 전략을 짤 수 있게 된다.

우리는 강한 자만이 살아남는 정글 속 동물이 아니다. 강하고 힘 있는 것처럼 보이는 자 앞에서 납작 엎드리고 굴종하기를 오히려 거부해야만 한다. 진정한 힘이란 그러한 물리적인 것 이상이어야 하지 않겠는가. 그리고 부정하고 부인해왔던 내면의 연약함을 마주하고 그러한 취약성을 드러내도 아무 일도 일어나지 않는다는 것을 경험할 때 진정한 자유와 안도감, 후련함을 느낄 것이다.

당신의 분노엔 이유가 있다

숨기고 억눌러온 분노가 패턴화되어 있는 사람들이 있다. 이들은 화를 내는 대신에 수동 공격적passive-aggressive인 방법으로 불편한 감정에 대응하곤 한다. 수동 공격적 성향의 사람은 화를 어떻게 풀어야 하는지 몰라서 타인과의 약속을 의도적으로 잊어버리고 일부러 일을 지연시키거나 의사소통을 피하는 등의 행동으로 타인을 짜증스럽게 만든다. 화가 났지만 화났다는 것을 부정하면서 상대의 감정을 교묘하게 건드리고, 상대를 칭찬하는 듯하면서도 상대의 약점을 드러내는 말을 하기도 한다. 게다가 스스로를 선의에 차 있는 사람으로 인식하며, 자신은 최선을 다했다고 생각하기도 한다. 그렇기에 더 자신의 언행이 상대를 힘들게 한다는 것을 인지하지 못해 소중한 사람을 자주 잃기도 한다. 주변 사람을 불신하거나 급격한 감정 기복을 겪고, 일을 자꾸 미루며, 불면, 정신적 및 신체적 탈진 등의 증세를 보이기도 한다. 꾹꾹 눌러온 분노가 감정의 실패, 관계의 실패, 일의 실패를 야기하는 것이다.

분노는 정서적 불안, 상처, 근심과 걱정, 공포, 두려움, 의심과 좌절 등을 해결하기 위한 투박한 시도이자, 어떤 사건이나 사람이 다시 찾아올지도 모른다는 위협에 대한 반응이다. 여러 감정과 뒤섞인 감정의 재현으로 분노가 말하고자 하는 바는 과연 무엇일까? 우리가 느끼는 고통과 슬픔을 연민하고,

두려움과 공포를 해석해 명료하게 드러냄으로써 우리 내면을 정화하기 위함은 아닐까? 그러기 위해 우리는 분노의 근원에 한 걸음 더 다가가지 않으면 안 된다.

분노는 우리 내면을 점검하고 재검토하게 만드는 상당히 복잡한 감정이다. 다양한 각도에서 우리 정체성을 확인시켜주기도 한다. 때로는 슬픔의 또 다른 표현이기도 하다. 사실, 분노 자체는 나쁜 것이 아니다. 우리는 보통 누군가가 의도적으로 우리를 모욕했거나 업신여긴다는 느낌이 들거나 마음을 다쳤을 때 분노를 느낀다. 일이 뜻대로 되지 않을 때나 사회적으로 부당한 일을 겪었을 때도 분노를 느낀다. 또한 분노는 자아가 위협받고 있다고 느껴지거나 공격받을 때 일어나는 스스로에 대한 방어의 감정이자 침략에 대응하겠다는 분명한 결정이다.

그런데 감정의 억압이 분노라는 형태로 나타나기도 한다. 분노가 쌓이면 내가 아닌 다른 사람, 심지어 내가 싫어하고 미워하던 사람의 모습으로 변할 수도 있다. 열정적이던 사람이 의욕을 잃을 수도 있고, 인내심과 호기심이 사라지고 관계에 대한 기대까지 사그라질 수 있다. 완강하고도 맹목적인 폭력으로 자신도 모르게 무참히 파멸해버리기도 한다.

분노가 일어나면 신체적으로는 아드레날린, 노르에피네프린, 코르티솔 수치가 높아진다. 위통, 두통, 불면증, 경동맥 이상, 몸의 불균형, 심장마비, 뇌장애 등 뚜렷한 신체적 흔적이 남기도 한다. 애틀랜타 질병통제 및 예방센터의 한 연구에 따르면, 화를 잘 내는 사람은 그렇지 않은 사람보다 뇌졸중에 걸릴 위험이 더 높다고 한다. 그뿐 아니라 과도한 분노는 인지기능까지 떨어뜨린다.

화가 분노와 격노로 이어지는 이유는 화내야 할 적절한 순간에 그러지 못했기 때문이다. 화의 결핍이 화의 과잉을 부르는 것이다. 화내는 걸 소리를 고래고래 지르고, 과격한 행동을 보이는 것으로 생각하기 쉬운데, 그러지 않고도 상대에게 화가 나는 감정을 직접적으로 표현하는 방법이 있다. 바로 '나 전달법^{I message}'이다. 이는 토머스 고든^{Thomas Gordon}이 창시한 용어로 '나'를 주체로 하여 상대의 행동에 대한 나의 감정을 전달하는 대화법이다. 꼭 '나는, 나는' 하라는 게 아니라 너에 대한 이야기에서 나에 대한 이야기로 관점을 전환하라는 뜻이다.

나 전달법의 핵심은 그냥 사실을 서술하는 데 있다. 이후 그것이 나에게 어떠한 영향을 끼쳤으며 어떤 감정을 느꼈는지를 이야기한다. 비난, 질책, 평가 등이 배제된 사실로서의 상황, 사실로서의 영향, 사실로서의 감정만을 전달하면 된다. 때로는 상황과 그로 인한 영향은 배제하고 단순히 감정만 전달해도 충분하다. 나아가 누군가의 말과 행위로 상처를 받았다면 상대에게 설명을 요청하고 경계를 존중해달라고 요구할 수 있어야 한다. 방어해야 할 때는 단호하게 상대가 정서적 책임을 다하도록 해야 한다. 무례함에 대해 명확하게 선을 그을 필요 못지않게 우리에게는 상처받지 않을 권리가 있으므로.

평소에 화를 관리하는 방법으로는 '심장 호흡법'을 추천한다. 천천히 숨을 들이마시고 내쉬는 과정 자체가 마음을 차분히 가라앉히는 효과를 준다. 최근 신경생리학의 연구에 따르면 심장 자체에 뇌의 신경세포와 같은 뉴런이 있다고 한다. 심장은 아주 작은 감정에도 즉각적으로 반응하고 감사와 연민, 동정과 사랑을 느낄 때 매우 안정적인 심장박동률을 보인다고 한다.

화가 나면 일단 심장이 미친 듯이 뛰고 박동이 불규칙해진다. 일반적으로는 분당 17~18회 정도 호흡하지만, 불안이나 스트레스를 받으면 호흡 빈도가 늘어나, 분당 30회까지 호흡하기에 이른다. 이처럼 분노가 일 때는 먼저 분노 상황에서 자발적으로 자신을 분리해야 한다. 그런 다음 의식적으로 천천히 호흡하면서 두뇌에 산소를 공급하면 심장박동이 균일해지면서 몸의 균형이 잡히고, 감정을 중립 상태로 만들 수 있다. 그럼으로써 자신의 감정을 건설적으로 표현할 방법을 정리할 시간을 벌 수 있다.

심장이 제멋대로 날뛰기 시작하면 손을 심장에 대고 5초 동안 숨을 천천히 들이마시고 다시 5초 동안 천천히 내쉰다. 이런 과정을 2~3회, 약 15초 동안 진행한다. 숨을 들이쉬는 것은 스트레스와 불안감과, 내쉬는 것은 마음을 가라앉히는 것과 각각 관련이 있다. 들숨보다 날숨에 훨씬 신경을 쓰면 더 차분해질 수 있다. 호흡은 감정을 담아내는 그릇과도 같다. 짧게 호흡하느냐 길게 호흡하느냐에 따라 감정의 강도가 달라진다. 매일 꾸준히 심장호흡을 10~15회 정도 반복하는 습관을 들이면, 감정 폭주를 막을 수 있고 분노에 휩쓸리지 않도록 자신을 제어할 수 있다.

심장이 심신에 미치는 영향을 연구하는 미국의 하트매스 연구소HeartMath Institute는 하고 있던 반응을 일단 멈추고 가슴이 숨을 들이마시고 내쉬는 상상을 하면서 동시에 스트레스를 유발하는 생각과 감정으로부터 멀어지는 상상을 하라고 조언한다. 그리고 문제 상황에 대한 감정적 충전을 멈추고 감정이 중화될 때까지 계속 심장 호흡에 집중하라고 말한다.

신체 기관 중 유일하게 암에 걸리지 않는 기관이 바로 심장이다. 심장에는 계속해서 따뜻한 혈액이 돌기 때문이다. 우리 감정도 이 혈액처럼 따뜻하게 돌아야 한다. 분노가 이 심장과 직결되어 있는 것도 어찌 보면 우연의 일치는 아닐 것이다. 심장이 팽창하고 수축하는 과정은 감정이 몰아치고 잠잠해지는 과정과 같다. 심장의 리듬은 우리 존재의 이원성, 낮과 밤, 피고 지는 꽃 등 생명과 자연의 섭리를 그대로 보여준다.

현대인은 숨을 너무 짧게 그리고 얕게 쉰다. 손으로 심장을 누르고 정성스레 호흡하는 습관은 내가 나를 따뜻하게 돌보는 방법이다. 호흡을 통해 마음이 차분해지면, 내가 무엇으로 인해 화가 났는지 생각하고 내 감정과 의견을 상대에게 확실히 전달해야 한다. 이것이 상대와 나 사이에 경계를 세우는 일이다. 감정적으로 화를 폭발시키면 상대는 내가 무엇 때문에 화났는지 관심도 없을 것이다. 오직 비이성적으로 화를 내는 태도와 방법에만 집중할 것이므로. 끝내는 미안한 감정도 사라지게 만들어 사과를 받을 기회조차 잃게 만든다. 분노에서 벗어나 차분해진 상태에서 내 경계를 침범한 그에게 단단한 경고를 해야 한다.

분노를 숨기는 것, 그것을 과도하게 표현하는 것 모두 적절한 경계를 만드는 데 방해가 된다. 분노를 긍정적인 에너지로 전환하고 건설적으로 이용하기 위해서는 의식적으로 안전한 경계를 세워서 그 안에서 자유를 만끽해야 한다. 경계 세우기는 다른 사람이 내 경계에 쳐들어오는 것을 막아줌과 동시에 내가 남의 경계를 넘나드는 것 역시도 막아준다.

무엇보다 분노가 우리를 불편하고 아프게 할 때는 좀 더 유연한 사고방식과 시각을 갖는 것이 좋다. 왜곡된 생각에 매몰되지 않고 새로운 시각으로 대상을 바라봐야 한다. 특정 상황에 계속 머물면 분노가 사라지지 않는다. 그렇기에 주의를 환기함으로써 새로운 조건에서 분노라는 감정을 맞이해야 한다.

분노는 삶의 탈출구 역할을 충분히 할 수 있다. 그러므로 분노를 무조건 숨기지만 말고 적절한 때에 적절히 밖으로 빠져나갈 길을 찾아주어야 한다.

자기경멸의 절박한 물음

자기 자신이 싫다고 말하는 사람을 종종 만난다. 인간은 왜 자기 자신을 불쌍히 여기면서도 증오할까. 원해서 태어난 건 아니지만 이왕에 시작된 삶이니 충만한 의욕으로 살아가다가도 어느 순간에는 생의 의미가 무엇인지, 내가 무엇을 위해 이러한 삶을 지속하고 있는지에 대한 의문과 자기반성에 빠지기도 한다. 생에 대한 사랑과 회의감 사이를 오락가락하다가 죽음에 대한 잠재적 욕망을 품게 될 때도 있다.

생에 대한 사랑과 회의가 동전의 양면과 같듯, 자기경멸 또한 자기사랑에서 비롯된다. 자기경멸은 자신을 어떻게 하면 사랑할 수 있을지에 대한 절박한 물음이다. 좀 더 정확히 말하면 자신을 너무나 사랑하고 싶은데, 사랑할 이유를 찾지 못해 경멸의 바로 뒤편에 있는 사랑에까지 미처 도달하지 못하는 상태이다.

경멸의 정의는 정확히 무엇일까. 경멸은 '분노 및 혐오와 함께 특정 형태의 침해에 의해 유발될 수 있는 감정'으로 설명된다. 폴 로진Paul Rozin과 조너선 하이트Jonathan Haidt의 연구에 따르면, 분노는 개인의 권리와 자율성이 침해당했을 때, 혐오는 물리적이고 도덕적인 청결이나 신성성이 침해당했을 때, 경멸은 공동체의 기준이 침해당했을 때 경험하는 감정으로 인식된다. 이러한 개념 정의의 시도에 근거해도 자기경멸은

3장. 당신의 감정이 당신에게 하는 말

한 가지로 정의 내리기에는 상당히 복잡한 감정이며 열등감, 수치심, 죄책감, 자기비하, 분노, 혐오, 자기학대 등의 다양한 감정과 맞물려 발생한다. 자기경멸은 특히나 관찰자적인 관점이 아닌 자기 연루적인 시점에서 출발하는 일인칭의 감정이다.

우리 자아는 보통 나의 좌절과 문제를 직접적으로 다루기보다 다른 사람에게 투사해서 해결하려는 속성을 지닌다. 비합리적이지만 본능적인 반응이기도 하다. 남을 쉽게 판단하거나 비난하는 사람은 본인에게 가장 가혹할 수 있으며, 남의 어떤 특징을 견디지 못한다면 자신의 어느 단면을 도저히 받아들이지 못해서일 수도 있다.

카를 구스타프 융은 이렇게 숨겨지고 감금된 불쾌한 요소를 '그림자shadow'라고 표현했다. 이는 인간의 특성 중 열등하고 가치 없고, 원시적인 부분이며, 개인의 어두운 면이자 용납하기 어려운 감정으로 구성된다. 카를 융은 모든 인간에게 그림자가 있음을 강조했다. 자아와 그림자의 관계는 빛과 그늘의 관계와 같다. 인간 내면에 축적되는 이 어두운 부분이 우리를 인간으로 만들어주기도 한다. 그림자는 완전히 없앨 수 있는 것이 아니므로 없애려는 시도를 할 수도, 해서도 안

된다. 융은 우리가 할 수 있는 최선은 자신의 그림자와 화해하는 것뿐이라고 강조한다. 그림자를 이해해야 스스로를 치유하기 위해 무엇부터 해야 하는지를 알 수 있다.

그림자와 화해한다는 것은 지금까지 자신의 성장을 가로막고 있던 가장 깊은 콤플렉스와 트라우마를 이해하고 극복한다는 의미이다. 자신에게 부정적인 이미지를 품고, 자신을 쉽게 경멸하고 비하하는 사람은 어쩌다가 성공을 해도 항상 스스로를 보잘것없다고 여기며 무언가에 쫓기듯이 생활한다. 겉으로는 콤플렉스를 극복한 것처럼 보여도 자신에 대한 나쁜 이미지는 전혀 바뀌지 않는다.

조지 와인버그George Weinberg는 행동이 그 뒤에 있는 사고방식을 강화한다고 했다. 겉으로 드러나는 것만 바꾸려 할수록 진짜 자신에 대한 무가치함이 더 강화된다는 것이다. 아무리 성공을 하고, 화려하게 자신을 꾸며도 갈증은 채워지지 않고 공허해질 뿐이다. 누가 봐도 부족한 것 없어 보이는 유명인들이 자살로 생을 마감하는 이유 중 하나이다.

자기경멸은 자학의 고통을 지나 자기 자신을 파괴하려는 죽음 본능으로 뒤바뀐다. 즉, 열등감을 받아들이지 못한 채 겉모습만 수정하려 들면 계속 열등감에만 집중하게 되어 그것이 내게서 가장 크게 보인다. 잔인하고 무정한 초자아의 비판과 끝없는 죄의식에 시달리면서 점점 더 열등감에서 벗어날 수 없게 된다. 마음을 회복하는 데 필요한 것은 우월해지는 것도, 우월감을 느끼는 것도 아니다.

열등감이 깊어지기까지 당신은 폭력의 피해자였을 수도, 비방과 멸시와 부당한 착취의 희생자였을 수도 있다. 다른 집 아이들과 끊임없이 비교를 당하며 자랐을 수도, 부모로부터 학대를 당하면서 자신을 전혀 지킬 수 없어 결국 그러한 잘못된 행태에 암묵적으로 동의해왔을지도 모르겠다. 가해자에게 받았던 멸시를 그대로 이어받아 스스로에게 행해왔을 수도 있다. 그렇게 아무런 방어도 하지 못하고 심지어 그의 편에 서서 사랑받기 위해 애쓰는 것만이 살아남기 위한 유일한 방법이었기 때문에. 열등감은 자연적으로 생성되는 것이 아니므로 각자에게는 열등감의 기폭제, 상처로 남은 경험이 분명 있을 것이다.

자기 모순적 역동을 이해하고, 자신에게 내재되어 있는 존귀한 가치를 이끌어내려면 완벽해지려는 욕구를 버려야 한다. 아무리 노력해도 해결되지 않는 열등감에 대한 반작용으로 우월해지려 노력하면 할수록 고통은 끝없이 가중될 뿐이다. 우월의식은 늘 남과의 비교를 기반으로 하며, 타인과 나의 열등감을 먹고 자라난다. 그렇기 때문에 스스로에 대한 자부심과 우월감은 대상에 대한 혐오와 경멸을 더욱 심화하고, 이는 무의식적 죄의식에 무게를 더한다.

열등감에서 벗어나기 위해서는 내가 좋아했던 경험, 싫어하고 외면하고 싶었던 경험을 받아들이고 그 모든 것이 지금의 나를 만들어왔다는 사실을 인정해야 한다. 그리고 지금의 나 역시 미래의 나를 만들어가는 가치를 제공하는 사람임을 잊지 않아야 한다. 경험 자체보다 그 경험에 대한 판단이 우리에게 더 큰 영향을 미친다. 자신을 구성하는 '내용'이 아니라 자신을 대하는 '태도'를 점검해야 한다. '평가자의 태도'를 버리고 '지지자의 태도'로 자신을 대한다면 굳이 타인을 깎아내리면서까지 우월해질 필요가 사라진다.

듀크대학교의 심리학자 마크 리어리^{Mark Leary}와 텍사스대학교의 심리학자 크리스틴 네프는 자기 자신에게 너그러운 태도 또는 자기자비를 갖는 것이야말로 건강하지 못한 자존감을 극복하는 길임을 강조했다. 너그러움이나 자기자비는 나 자신을 조건적으로 사랑하는 태도를 버리고, 폭력과 멸시, 혼돈과 상처 속에서 버텨온 자신에게 감사하는 데서 비롯된다.

나의 약점과 단점을 제거하고 보완할 수 있다면 그에 자신의 힘과 시간을 투자하는 것은 좋은 일이다. 하지만 뿌리

뽑지 못할 것이라면 이제 그건 그만 잊어버려야 할 대상일 뿐이다. 그리고 타인의 행동을 확대해석하는 오류로부터 우리를 건져내야 한다. 특히 자존감이 건강하지 못한 사람은 타인의 행위에 대한 오해가 잦다.

누군가 나에게 연락을 하지 않은 이유는 나를 멸시하고 모멸감을 주기 위해서가 아니라 연락해야 한다는 사실 자체를 잊어버려서일 수도, 그냥 귀찮아서였을 수도 있다. 누가 나를 쳐다본다면 내가 이상해서가 아니라 우연히 나에게 시선을 둔 채 딴생각을 하고 있는 것일 수도 있다고 여겨야 한다. 수많은 오해와 타인의 문제를 나의 문제로 치환하려는 시도에서부터 열등감이 깊어지고, 타인에 대한 불신과 자기경멸이 끊임없이 재생산되니까.

외로움에 갇히고 싶지 않다면

개인주의가 뿌리내리면서 외로운 시대가 도래했다. 이웃과의 교류는 시골에서나 가능한 일이 되었다. 같은 학교에, 같은 회사에 다녀도 서로에게 낯선 타인일 뿐이다. 적당한 거리를 유지하며 서로에 관해서가 아니라 공통의 주제로만 대화하기를 원한다. 낭만적 감정으로 타인을 바라보기보다 타인을 두려워하는 감정이 더 흔해졌다.

그런데 이러한 개인화로 인해 '나'라는 원천이 오히려 외로움의 거대한 근원이자 걸림돌이 되어버렸다. 과잉 생산된 자아로 인해 깊은 교류가 희박해지면서 감정을 나누는 데 익숙지 않아졌고, 감정적으로 더 무지하고 미숙해졌다. 과잉된 자아가 결핍의 자아를 생산하게 된 것이다. 감정은 자기 자신이 돌볼 수도 있지만, 남이 돌봐주기도 한다. 그런데 이러한 상호작용이 제대로 되지 않아 감정이 메마른 사람이 도처에 존재한다. 관계로부터 자신을 보호하는 방법으로 늘 일정한 거리 두기를 하고, 때로는 관계를 피하기 위해 애써 벽을 쌓고, 쌓은 벽을 더 높이 올리고야 만다. 그러다 보니 불편한 감정이 들면 일단 멀리 달아나고 본다. 관계를 끝냄으로써 문제를 해결한다.

관태기(관계 권태기)를 겪으며 관계를 정리하는 사람이 늘어나고 있다. 하지만 인간에게는 생명과 인간성을 보호하기 위한 장치에 대한 동경이 항상 작동하고 있다. 혼자서는 살아남을 수 없어 공동체를 이루며 살았던 원시인의 생존본능이 아직도 유전자 깊숙이 내재되어 있어 자유를 외치면서도 구속되고자 하는 욕구를 느낀다. 인간은 타자와 타자성 때문에 외로움을 느끼는 동시에 외로움을 타자에게서 해결하고 채울 수밖에 없음을 무의식 중에 인지한다. 자아는 그렇게 자기모순의 상태에 빠진다.

사회신경과학자들에 따르면 외로운 사람은 지방으로 열량을 섭취할 확률이 10% 더 높고, 스트레스 수치는 50%, 고혈압 발병률은 37%, 심장마비를 일으킬 확률이 41%가 더 높다고 한다. 친목 단체활동을 하지 않는 성인의 사망률은 25%가 더 높다고 한다. 이외에도 에피네프린, 코르티솔 같은 스트레스 호르몬이 분비되어 심혈관계를 망가뜨리기도 하고, 이 호르몬이 세포에 영향을 미쳐 유전자 발현방식을 교란시킴으로써 면역력을 떨어뜨리기도 한다. 신체적인 영향뿐만 아니라 외로움을 강하게 느끼는 사람은 스트레스에 더 취약하고 자기조절력, 자기 확신, 자존감 등을 상실하여 삶의 질이 전반적으로 떨어지는 심리적 문제에 놓이기도 한다.

심리학적으로 외로움이란 '사회적 관계망이 양적 혹은 질적으로 기대보다 부족할 때 개인에게 발생하는 불유쾌한

3장. 당신의 감정이 당신에게 하는 말

경험'으로 정의된다. 다시 말하면, 외로움은 부재에 대한 갈망이다. 관계 자체의 부재, 같이 있어도 외롭지 않을 질적 깊이의 부재. 즉, 외로움이란 무엇인가에 대한 갈망이자, 누군가에 대한 갈망이 채워지지 않을 때 느끼는 감정이다.

어떤 누구도 애지중지하던 물건을 잃어버려서 외로워하지는 않는다. 갖고 싶었던 것을 갖지 못했다고 해서 외로움을 느끼는 사람은 없다. 그것은 그저 욕심이자 욕구일 뿐이다. 하지만 사람에게 적용하면 문제가 달라진다. 외로움은 단순한 욕구를 넘어서는 인격적 존재에 대한 그리움이다. 이는 타인이 존재만으로도 고유한 목적성을 가졌다는 것을 보여준다. 그러므로 인간의 성격이나 생래적 요소에만 외로움의 원인을 돌린다면 우리는 결코 외로움을 해결할 수 없다. 나의 존재는 타자라는 존재가 있을 때 의미 있으며 성립 가능함을 받아들여 관계에 대한 본능과 갈망을 동시에 이해해야 한다. 그렇다면 우리의 자아가 타자성과 화해하고 외로움으로부터 해방될 수는 없는 것일까?

먼저 타자의 존재성과 그 가치를 인정하는 데서부터 해결의 실마리를 찾을 수 있다. 외로움이 소통 가능한 인격의 부재로부터 비롯되었음을 인정하고 타자에게 개방성을 가져야 한다. 그리고 외로움은 당연하며 인간의 필연적 운명이라는 잘못된 신화에서 벗어나야만 한다. 인간은 호혜적으로 공존하는 과정을 통해 외로움에서 벗어날 수 있고 그것이야말로 인간이 함께 모여 사는 이유이니까. 우리가 외로운 이유는 관계에 대한 본유적 갈망을 저버렸거나 그 갈망이 채워지지 않았기 때문이다. 그러므로 상처받지 않기 위해 관계를 끊고 외로움을 선택할 일이 아니라, 관계에서 생기는 상처를 어떻게 해결할지를 고민하는 편이 더 현명하다. 상처받지 않겠다, 상처받고 싶지 않다는 욕구가 때로는 우리를 더 상처 입힌다.

관계에서 자주 상처받는 사람은 늘 같은 지점에서 상처를 받는다. 내게 어떤 상처가 있고 어떤 식으로 패턴화가 이루어지고 있는지를 발견해야만 한다. 약속을 깨는 것을 몸서리치게 싫어하는 사람의 내면에는 어떤 상처가 있는지, 관계의 중심에 서고 싶지 않은 사람에겐 어떤 역사의 한편이 영향을 미치고 있는지, 한 연인과 오래 못 가는 사람의 두려움은 어디서 비롯되었는지 등을 찬찬히 따져보아야 관계 자체를 끊지 않고 그 안에서 상처받는 나를 건져낼 수 있다. 상대가 상처주는 말과 행동을 직접적으로 할 때도 있지만, 과거의 경험이 오해와 상처를 만들어내는 경우도 종종 있기 때문이다. 만약 타인이 해를 가했다면 사과를 받든 관계를 끊든 해야겠

3장. 당신의 감정이 당신에게 하는 말

지만, 지난날의 상처를 그대로 다른 관계에서 재연하거나 대입하고 있다면 내 상처의 치유부터 선행해야 한다.

무엇보다 관계의 기본인 소통의 기능, 존재의 의미, 타자에 대한 우호적인 태도 등 이 모든 것은 나에 대한 인식과 나에 대한 태도로부터 비롯된다. 따라서 나의 내면에 무슨 일이 일어나고 있는지 대면하고 스스로의 취약성을 확인해야 한다. 내가 잘 지내고 있는지 돌아보고, 내게 일어나고 있는 감정을 살펴봐야 한다. 감정 자체에 냉소적인 자세를 취하지 않고 감정의 세계가 제공하는 경험을 살피며 자신의 감정을 돌봐주어야 한다. 그래야 타인과의 감정적 친밀감을 경험할 수 있다. 자신의 고통과 두려움까지 인식할 수 있어야 다른 사람에게 정직할 수 있고 개방적일 수 있다.

끝으로 다른 사람과 상호작용을 하는 가운데 자신의 감정만을 식별하는 방법을 배워야 한다. 즉, 상황과 감정을 분리하는 연습을 통해 감정에 대한 오해를 상대방 탓으로 돌리지 않아야 한다는 뜻이다. 대부분의 문제는 상대와 상황 자체가 아니라 나의 기대가 무너지면서 발생하는 감정적 불편함에서 기인하기 때문이다.

어떠한 감정이 내면에서 일어나면 감정 곁에 머무른다. 다양한 감정이 동시에 든다면 가장 큰 영향을 미치고 있는 감정 하나를 포착한다. 식별된 감정에는 '감정 명명법'으로 이름을 붙이고 그 감정과 관련한 경험을 서술해본다. 그러면 왜 그러한 감정이 들었는지 생각하게 되고, 비합리적인 생각은 수정할 수 있다. 예를 들어, 친구가 약속시간에 늦어 짜증이 났다면 그 짜증은 친구가 나를 무시하고 배려하지 않는다는 생각에서 비롯되었을 수 있다. 그런데 정말로 친구가 나를 무시해서 약속시간에 늦은 것일까? 사정이 있어서 늦은 건 아닐까? 감정에 이름을 붙이는 순간 생각의 뇌가 작동하기 시작한다. '왜 짜증이라는 감정이 생겼을까'에 대한 해답을 찾기 위해서다. 그러다 보면, 이런 감정이 사실이 아니라 나의 생각에서 비롯되었음을 알아차리게 되고, 약속시간에 늦은 친구와 무시에 대한 잘못된 인과관계를 끊어낼 수 있다.

이렇게 조금씩 관계에 개방적인 자세를 취해야 스스로 외로움에 갇히지 않을 수 있다. 이것이 최선의 방법이다. 관계에서 비롯되는 다양한 문제의 출발점에는 감정이 있기에 나의 감정을 들여다봐야 한다. 그리고 우리 존재를 가치 있게 만드는 것은 서로를 바라보는 시선임을 잊지 말아야 한다. 우리가 겪는 문제 대부분이 관계에서 비롯되지만 그것을 해결하는 것 또한 관계임을.

내 감정을 돌보며 사는 삶

카멜레온보다는 얼룩말이 되자

카를 구스타프 융은 "일생의 특권은 진정한 자신이 되는 것이다"라고 말했다. '되는' 것, 즉 과정으로 표현했다. 진정한 나의 모습은 주어진 것이 아니라 만들어가는 과정이며 기꺼이 그에 동참해야 한다는 뜻일 테다.

우리가 처음 세상에 왔을 때는 모두가 밀가루 반죽처럼 말랑말랑했다. 어떤 모양의 빵으로도 될 수 있었던 우리는 양육자, 이상, 환경에 의해 특정한 모양으로 만들어졌다. 인종이 결정되고, 이름이 주어지고, 역할이 부여되면서 정체성이 확립되기 시작하고 삶을 다하는 순간까지 정체성을 형성해나간다. 하지만 우리는 늘 자신의 정체성을 확신하면서 살지는 못한다. 내가 누구인지 끊임없이 의심하며 질문을 던지고, 그러한 의심이 짙어지면 불안감이 깊어지고, 내가 분명 존재하고 있음에도 존재하지 않는 것 같은 느낌에 사로잡히기도 한다.

많은 이들이 자신을 '내향적'이라고 지칭한다. 그런데 이런 광범위한 특성과 행동이 얼마나 일관될까? 부끄러움 많고 수줍은 것이 나의 정체성이라고 믿어왔는데, 막상 사람들을 만나면 말을 잘하고 무대에 오르면 나를 잊은 듯 연기한다면, 그동안 믿어왔던 자신의 모습을 어떻게 받아들여야 할까.

이러한 불일치에도 불구하고 대부분은 내적으로 일치하고 분명하며 견고한 '자기개념 명확성self-concept clarity'을 선호한다. 자기개념 명확성이란 상황의 변화 가운데서도 유지되는 분명한 자기이해이다. 높은 자기개념 명확성은 '심리적 안녕감'을 준다. 실제로 자기개념 명확성이 더 높은 사람이 더 행복하며 삶의 도전과 위기에 더 잘 대처한다. 왜냐하면 자기개념 명확성이 높은 사람은 타인의 모욕이나 싸늘한 눈초리, 부정적인 피드백에 덜 민감하기 때문이다. 반대로 자기개념 명확성이 낮은 사람은 자기가 누구인지 이해하기 위해서 타인의 평가를 살펴보곤 한다. 그렇기 때문에 자신에 대한 태도가 계속 변화하고, 타인이 나를 긍정적으로 지각하는지 혹은 부정적으로 지각하는지에 민감하게 반응하며 그에 영향을 많이 받는다.

자기개념 명확성이 낮은 편이라면 스스로에 대한 진단적 정보를 찾는 것이 하나의 방법일 수 있다. 스스로를 더 정확히 이해하기 위해 나의 특성과 능력을 드러내는 단서를 모으는 것이다. 이를테면 성격 테스트 등을 통해서 얻어낸 정보를 취합하고 타인에게서 얻은 나에 대한 정보를 종합하는 식이다.

가끔 사람들은 여러 가지 모습을 보이는 나 사이에서 우왕좌왕하고, 어떤 내가 진짜 나인지 헷갈리는 정체성의 위기를 겪곤 한다. 위기를 잘 극복해서 진짜 자신을 만들어나가는 사람도 있지만 급기야 만들어진 나, 사람들이 기대하는 나라는 페르소나persona(가면을 쓴 인격)가 진짜 나로 행세하도록 내버려두기도 한다. 드넓은 우주였던 나는 쪼그라들어 타인의 의식 안에 갇히고 눈치를 보게 된다.

미네소타대학교의 유명한 사회심리학자인 마크 스나이더Mark Snyder 교수는 타인의 영향을 얼마나 받는지를 확인하기 위한 'SM self-monitoring' 검사를 만들었다. 그는 자기 점검 정도가 낮은 사람LSM은 주로 성격의 영향을 받고, 자기 점검 정도가 높은 사람HSM은 상황에 영향을 받는다고 주장했다. 즉, 자기 자신의 뜻대로 결정하는 사람이 LSM이고, 타인의 눈치를 보는 사람이 HSM인 것이다.

그리고 그는 사회성 연구에서 '사회적 카멜레온social chameleon'에 대해 설명했다. 주변 환경에 따라 색깔이 변하는 카멜레온처럼 사회적 카멜레온인 사람은 자신의 모습을 수시로 바꾼다. 남의 인정을 받기 위해 자신의 감정과 생각, 의견을 숨기는 것도 서슴지 않는다. 남들을 실망시키고 싶지 않고, 관심받지 못할까 봐 두렵기 때문에 사람들이 기대하는 모습에 적응하는 것이다. 진정한 자신의 모습대로 행동하는 게 아니라 하나의 캐릭터를 흉내 내며, 진짜 자기 모습과 팽창된 페르소나 사이를 왔다 갔다 하는 모순된 모습을 보인다. 만나는 사람에 따라 맞춤형 자기를 보이기 때문에 평판은 좋아질 수 있겠지만, 상황과 분위기에 적합한 모습을 보이는 데만 능숙해져서 진정한 자기 모습을 드러내지 못하고 사람들과 일정 수준 이상의 친밀한 관계를 이어나가기 어렵다. 그래서 정서적 피로도가 커지고 자기 자신에 대한 만족감이 상대적으로 떨어진다.

우리는 우리 스스로를 대상으로 대하곤 한다. 감정을 나로 인식하기도 하고, 생각을 나와 동일시하기도 하며, 자아가 진정한 나라고 생각하고, 또 때로는 남이 평가하는 나를 나로 정하기도 한다. 이러한 감정이 옳다는 외부의 소리가 들리면 그러한 감정을 느끼는 사람이 되기 위해, 이러한 생각을 하며 살아야 좋은 사람이라는 목소리가 들리면 그러한 생각을 하기 위해 노력한다. 언제든 내게 주어진 역할에 충실할 준비가 되어 있다.

제아무리 자기일관성이 높은 사람이라 하더라도 사회적 카멜레온의 성격은 조금씩 다 가지고 있다. 특히 처음 보는 사람 앞이나 사회생활을 하면서 온전히 자기를 다 드러내 보이기란 어려운 일이다. 그럼에도 마크 스나이더 교수를 비롯한 많은 전문가는 진정한 자기 자신으로 살고, 감정적으로 건강한 삶을 유지하고 싶다면 '사교적 얼룩말'이 되는 법을 배워야 한다고 말한다.

얼룩말은 알다시피 흰색과 검은색의 뚜렷한 줄무늬를 갖고 있다. 누가 옆에 있든, 어디에 있든 그들은 항상 같은 모습을 유지한다. 적이 바로 옆에 있어도 그들은 도망가지 않고, 아직 일어나지 않은 사건에 미리 걱정하지 않는다. 외부의 요소에 스트레스를 받지 않으니 위궤양을 비롯한 질병에 걸리지 않는다고도 한다. 그들의 줄무늬가 너무나 뚜렷하여 카멜레온과는 달리 포식자의 눈에 잘 띄겠지만, 애써 변하지 않는 모습은 그들의 고집이자 정체성이며 고유함이다. 그리고 그들이 가진 여유로움은 용기 있는 자들이 얻어낸 특권이다. 스나이더는 모든 사람을 기쁘게 할 의무 같은 건 우리에게 없으므로 사회적 포식자의 먹잇감이 될지라도 독특함을 가진 사회적 얼룩말이 되자고 제안한다.

인간은 모두 자기만의 서사를 가지고 있다. 과거의 나는 누구였는지, 어떻게 지금까지 왔는지, 현재는 누구인지, 미래에는 어떤 모습일지 등등 우리 스스로를 이해하기 위한 자기 서사가 필요하다. 연구에 의하면, 심리적 안정감에 관한 욕구가 과거와 현재를 일관성 있는 서사로 통합하려는 동기를 부

4장. 내 감정을 돌보며 사는 삶

여한다고 한다. 이러한 자기만의 서사는 파편화된 나를 통합하고 스트레스가 심한 사건이나 경험으로 인해 생긴 정서적 고통을 이겨내는 힘을 선사한다.

나의 이야기는 가면을 벗어던졌을 때, 스스로에게 솔직할 수 있을 때 타인이 아닌 진짜 나에 의해 쓰인다. 그래야 어떤 내가 진짜 나인지 알고 진짜 나를 구성하며 나의 내면과 감정 모두에 용감해질 수 있다.

어떤 모습의 내가 진짜인지도 모르는 사람이 자기 감정에 충실하다는 것은 전혀 앞뒤가 맞지 않는 모순이다.

어린 시절의 상처에서
벗어나는 법

'세 살 버릇 여든까지 간다'는 속담은 '세 살 상처 여든까지 간다'로 바꿔 말할 수 있다. 영국의 정신의학자인 존 볼비 John Bowlby는 어렸을 때 애착 형성이 제대로 이루어지지 않으면 그 후유증이 평생 갈 수 있다고 했다. 사랑받지 못한 한두 살 아기는 가장 먼저 신뢰를 잃어버린다. 신뢰가 제대로 형성되지 않으면 자라면서도 분리불안, 우울증, 주의산만, 고립과 은둔 등으로 유대감 및 친밀감을 쌓기가 어려워진다. 이처럼 애정 결핍은 사람을 특정한 나이대에 가둬버린다. 몸은 어른이 되었어도 상처가 제대로 치유되기 전까지 마음은 더 이상 자라지 못하는 것이다.

정신분석학자이면서 발달심리학자인 에릭 에릭슨 Erik Erikson은 심리사회적 발달 이론 psychosocial development theory에서 인간에게는 미리 정해진 여덟 가지 발달 단계가 있는데, 각 단계를 성공적으로 완수하면 건강한 개인으로 발달해나갈 수 있지만 어느 단계에서 실패하면 그 단계와 관련한 정신적 결함을 갖고 살아가게 된다고 주장했다. 초기의 신뢰뿐만 아니라 조금 더 크면 자율성을 획득하고, 또 조금 더 크면 근면성을 습득하면서 열등감을 극복하는 법을 배운다. 만약 자율성을 획득해야 할 나이에 부모가 모든 것을 다 해주어 의존적인 아이로 자란다면, 두려움 없이 세상을 여행하고 진정으로 탐구할 수 없게 되어버린다. 아무런 위험 요소가 보이지 않는 상황에서도 불편하고 두려운 마음을 가질 수 있다.

각 발달 단계는 모두 충분하면서도 건강한 애정을 기반으로 형성된다. 어느 단계에서 발달을 이루지 못하고 고착되면 애정을 상실한 그 감정 나이에 갇히고야 만다. 감정 나이에 갇힌 채 성인이 되면 자신이 무엇을 원하는지 알기 힘들고, 안다고 해도 그것을 표현하는 데 어려움을 겪는다. 무언가에 도전하는 것을 두려워해 목표를 설정하고 앞으로 나아가는 데 소극적이 되고, 건강한 자존감을 형성하지 못해 관계에서도 불안정감을 느낄 수 있다.

신체적 나이가 같아도 우리 내면에는 각기 다른 연령대의 감정 나이가 있다. 우리가 누구인지 이해하기 어려운 이유다. 제각각의 연령대 아이들이 튀어나와 서로 다른 언어를 사용하고 서로 접점 없는 태도를 보이니 말이다.

모든 인간이 동일하게 에릭슨이 제시한 발달 단계를 차례차례 수행하지는 않을 수 있다. 한 단계에 고착되면 더 이상 긍정적 발달을 이룰 수 없다는 주장은 지나쳐 보이기도 한다. 하지만 사랑을 상실한 아이가 겪게 될 후유증이 단순하지만은 않다는 데에는 동의할 수밖에 없다. 또한 그 모든 것이

치유의 대상이어야만 하고 치유가 가능하다는 것에도.

감정 나이에 갇히면 자신에 대한 이미지 자체가 자기부정과 자기멸시로 귀결된다. 따라서 자기애를 회복하는 데서부터 치유를 시작해야 한다. 간혹 '나르시시즘'과 '자기애'를 혼동해 쓰는 사람이 있는데, 나르시시즘은 '가면을 쓰고 만들어진 자기'를 내세워 그 이미지만을 신격화하고 맹신하는 자기혐오적인 성격장애를 일컫는다. 반면, 자기애는 '있는 그대로의 나'를 인정하고 소중하게 대하는 것으로, 진정한 행복과 즐거움의 통로인 동시에 모든 관계의 긍정적 기초가 된다.

다른 존재에 대한 숭배로 사람이 되고자 했던 곰 토테미즘에 근거한 웅녀 이야기를 나에게 그대로 적용해 써나가고 있지는 않은가. 곰과 호랑이가 먹었다던 쑥과 마늘을 우리가 참고 인내하는 고통과 상처에 대입하면서. 인간이든 동물이든 자신의 고유성을 사랑하지 못해 남이 되고자 애쓰면 존귀한 존재를 초라하고 보잘것없는 존재로 전락시키고야 만다. 그리하여 다른 존재가 된 곰은 행복했을까? 인간이고 뭐고 육식동물에게 쑥과 마늘이 웬말이냐며 자신의 본연을 찾아간 호랑이가 더 자유롭고 위대한 것 아닐까?

그러한 위압적인 상황에 굴복하는 것은 결코 나를 사랑하는 방법이 아니다. 자신의 본질을 훼손하면서까지 자신을 부정하면 자기경멸로 이어질 수밖에 없다. 만약 기도를 들어주는 이가 곰과 호랑이를 사랑했더라면 인간이 되고 싶다는 그들을 향해 쑥과 마늘을 먹으라고 명령하는 대신, 그들이 곰자신으로 호랑이 자신으로 스스로를 사랑하는 방법을 가르쳐 줬어야 마땅하다. 곰과 호랑이는 그저 존재론적 모멸감의 대상이었으며, 기도를 들어주는 과정은 그것을 확인하는 절차였을 뿐이다.

어린 시절 내 힘으로는 어찌할 수 없었던 환경, 누군가에 의해 일방적으로 시작된 삶 속에서 강요를 수용하고 애정이 결핍된 삶을 살았다면 이제는 나에게 상처에서 벗어날 자유를 허락해야만 한다. 성인이 된 지금, 너무나 많은 것이 결여된 가여운 어린 자아를 치유하고 스스로를 사랑할 수 있도록 도움으로써 말이다.

방치되었던 나를 사랑하고 존중하는 방법은 과거에, 부모에게 탓을 돌리는 것을 멈추는 데서부터 시작된다. 지난날을 모두 다 잊으라는 말이 아니라 바꿀 수 없는 것에 연연하는 대신 지금부터 내가 할 수 있는 일에 집중하라는 의미이다. 부모 탓을 하는 대신 자신에게 잘못한 부분에 대해 사과를 요구하는 것이 내가 해야 할 일이다. 부모에게 너무 얽매

여서 나로 살지 못했던 사람, 부모에게 사랑받는 자녀로 살지 못했던 사람은 지금 당장 자신의 필요가 무엇인지 돌아봐야 한다. 다른 사람과의 관계에서 무엇인가 내가 양보했던 것이 분명 있을 것이다. 이제는 남이 아닌 오직 나의 필요를 채우는 데 관심을 집중하자. 그리고 무엇보다 나에게 해로운 사람, 나를 흠집 내려는 사람, 나를 무시하고 하찮게 여기는 사람과는 철저하게 거리를 두자. 스스로를 또다시 그러한 환경에 놓아둘 필요와 이유가 전혀 없다. 이제부터 다른 누구도 아닌 나 자신의 보호자가 되어주자.

목표를 세우고 노력하면서 성취를 느끼는 것 또한 자기에 대한 사랑을 실천하는 방법 중 하나이다. 우리는 목표를 향해 나아가는 나 자신과 그것을 이루는 나 자신을 보며 활력을 느끼고 좋은 감정을 갖게 된다. 노력해서 목표에 가까워지고 성취하는 자신을 마음껏 칭찬해야 한다. 잘해냈을 때는 과감하게 자기 자신에게 상도 주어야 한다. 남에게 자랑할 수 있으면 자랑도 하자. 남이 나를 보며 시기심을 가질지 말지, 나를 험담할지 말지는 그의 몫일 뿐이다. 우리는 거기까지 생각할 겨를이 없다. 각자의 문제는 각자가 해결해야 한다.

무엇보다 완벽에 대한 기대는 버리는 것이 좋다. 완벽을 기대하는 순간 다른 누군가가 되라는 목소리가 다시 들릴 것이다. 비약적 신뢰와 자기 확신은 나를 억압하는 또 다른 도구일 뿐이다.

우리가 온 곳을 결정할 수는 없었지만 어디로 가야 할지는 충분히 결정할 수 있다. 과거의 나는 구출할 수 없었지만, 현재와 앞으로의 나에겐 희망을 줄 수 있다. 그것이 도착점은 아닐지라도 시작점은 충분히 될 것이다.

감정 일기로 내 감정 표현하기

프로이트는 "표현되지 않은 감정은 죽어 없어지는 것이 아니다. 그것이 산 채로 묻히면 언젠가는 더 괴상한 모습으로 나타난다"고 말했다. 프로이트를 미워하고 그의 비과학적인 이론을 받아들이려 하지 않는 심리학자라도 그가 한 이 말에는 많이들 동의한다. 그의 말처럼 실제로 감정 자체보다 감정에 대한 저항과 억압이 고통의 원인이 될 때가 더 많기 때문이다.

우리는 감정처리에 어려움을 겪는다. 사랑과 혐오의 모순적인 감정에 휩싸이기도 하고 슬프면서도 화가 나는 등의 양가감정이 들기도 한다. 특히, 불편한 감정은 그 원인을 명확하게 파악하기가 더 어렵다. 그렇기에 감정을 관찰하고, 식별하고, 해석하고, 표현하는 일련의 과정에 열심히 임해야 한다. 이러한 과정을 거쳐야만 원치 않는 감정에 매몰되지 않고 빨리 벗어날 수 있다. 프로이트의 말처럼 더 큰 괴물의 공격을 당하지 않으려면 말이다. 내가 만들어낸 괴물이기에 다른 사람을 탓할 수도 없으니.

감정을 제대로 표현하기 위해서는 평소에 감정을 잘 관찰해야만 한다. 어떤 감정이 일어날 때 서둘러 벗어나려 하지 말고 그 옆에 머물러야만 감정을 들여다볼 수 있다. 대니얼 골먼Daniel Goleman은 자기 감정을 이해하는 것이 정신 건강의 초석이라고 했다. 지금 무슨 감정이 일어났기에 마음이 불편한지, 감정의 원인이 무엇인지 성찰하는 시간을 가져야 한다. 그리고 어떠한 감정이든 윤리적 평가를 멈추고, 내가 더 성장할 수 있는 좋은 기회로 여겨야 한다. 불편한 감정을 회피하려고 할수록 주변 사람들과의 긴장감을 연장할 뿐만 아니라 갈등을 일으킬 수도 있기 때문이다.

감정에 머무르고 지금 감정이 어떤 감정인지 더 잘 느끼고 싶다면 분개, 고통, 기만감, 실망 등 감정에 이름을 붙이고 감정에 대한 어휘를 늘려야 한다. 사실 우리가 알고 있는 감정 단어는 많지 않을 수 있다. 특히, 도저히 설명할 수 없을 때 그저 '짜증 나'로 모든 감정을 뭉뚱그리는 사람이 있는데 짜증 난다는 말은 짜증에 주목하게 만들 뿐 어떤 해결책도 제시하지 않는다. 이런 경우 다양한 감정 어휘를 습득하여 표현하면 감정처리에 도움이 된다.

감정 어휘를 늘리기에도, 자신의 감정을 점검하기에도 좋은 방법이 바로 글쓰기이다. 감정을 글로 쓰는 것은 감정의 탈출구로서 기능할 뿐만 아니라 말로 하기 힘들 때 큰 도움이 된다. 글쓰기는 말을 해야 하는 압박감이나 수치심을 느끼지 않는 가장 편안한 방법이며, 내 생각과 감정을 체계화해준다. 특히 매우 내성적인 성향의 사람에게 효과적이다. 감정을 글로 풀어내면 불편한 감정이 편한 감정의 원천인 뇌의 좌전부나 전두엽 부분을 지나게 되어 불편한 감정의 힘이 떨어진다고 한다. 편지나 감정 일기 쓰기를 추천하고 싶은데, 편지는 나에게 써도 좋고 믿을 수 있는 제3자에게 써도 좋다. 감정 일기를 쓸 때는 어떤 자극이 있었고, 그때의 느낌과 감정은 어떠했으며, 내가 취한 반응과 기분이 나아질 방법은 무엇인지 등을 적는다. 이때 감정을 날씨나 맛 등에 비유해봐도 좋다. 이렇게 글로 쓰다 보면 내가 느꼈던 감정이 별것 아니었다는 생각이 들기도 하고, 자신의 감정을 일목요연하게 정리할 수 있다.

혼자서 편지나 감정 일기를 쓰는 것은 쉬울 수 있다. 그런데 그 감정을 남에게 표현하라고 하면 잘되지 않을 것이다. 일단 불편한 상황이 벌어졌다면 한 발짝 물러나 자신에게 심호흡할 수 있는 시간을 허락해야 한다. 특히 분노가 일어났을 때에는 행동하기 전에 두세 시간 정도 분노를 달래야 한다. 두세 시간은 내가 느끼는 좌절과 분노 등 불편한 감정의 원인을 알아내는 데 필요한 시간이다. 분노에 휩싸였을 때는 내 감정을 제대로 전달할 수 없으므로 분노를 가라앉히고 논리적으로 설명할 수 있도록 자신을 준비시켜야 한다. 이 시간

4장. 내 감정을 돌보며 사는 삶

이 지나면 되도록 내일까지 가지 말고 오늘 안에 이야기를 하는 게 좋다. 남에게 내 마음을 말할 때는 앞서 3장에서 소개한 '나 전달법(181쪽 참고)'을 추천한다. '나'를 주체로 하여 상대의 행동에 대한 나의 감정을 전달해보기 바란다.

만약 일련의 사건, 비슷한 사건에서 계속해서 상처를 받고 있다면 상처받은 '내면아이'가 자신의 이야기를 들어주기를 바라고 있어서이다. 우리 마음에 상처받은 내면아이가 있다면 그 아이에게 목소리를 되찾아주어야 한다. 상처받은 내면아이는 어릴 때 부모로부터 인정받고 사랑받지 못해서 무의식에 그림자로 남아 있는 욕구와 감정으로, 중독과 강박 등의 문제를 일으킨다. 특히, 분노가 일어나는 지점에는 상처받은 내면아이가 있는 경우가 많다. 따라서 내면아이가 자신의 말로 상처를 드러낼 수 있도록 최대한 기회를 많이 제공해야 한다.

한편 자신의 감정을 그대로 노출하는 사람이 간혹 있다. 그런데 노출과 표현은 분명 그 차원이 다르다. 예를 들어 화가 끝날 때까지 소리를 지르고 물건을 집어 던지고 폭력을 행사하는 식의 노출은 화를 더 강화할 뿐이다. 이렇게 화를 끝까지 해소하라고 주장한 사람이 프로이트이다. 그는 더 이상

화가 나지 않을 때까지 화를 폭발시키라고 했지만, 많은 심리학자는 그에 전혀 동의하지 않았고 모든 방법을 동원해 화를 노출하면 화가 더 증폭된다고 주장했다. 감정은 보통 행동보다 선행하지만 그것이 모든 행동을 정당화하지는 못한다. 우리 감정은 모두 옳지만, 행동마저 모두 옳은 것은 아니다. 감정의 정당함을 증명하기 위해서라도 기분 내키는 대로 노출할 것이 아니라 제대로 표현하는 방법을 연습하고 터득해야만 한다. 내 감정을 이야기할 때 화내거나 흥분하는 내 태도가 아니라 내 말의 내용에 상대가 주목하도록 하려면 말이다.

감정을 잘 표현하기 시작하면 편도체의 활성화가 줄어들고, 어려움을 직면하고 처리하는 능력은 커진다. 또한 자신과 타인을 이해하고 공감할 수 있으며 평화를 유지할 수 있다.

우리는 어린 시절 아무에게도 감정이 어떠한 것인지, 그것을 어떻게 표현하면 좋을지, 감정 표현의 한계를 어떻게 설정할지에 대해 제대로 배우지 못한 채 오직 감정 자체의 한계에 대해서만 들어왔다. 그 결과 감정 역량이 떨어질 수밖에 없었다. 이제 우리는 감정적인 자아와 나를 연결하여 감정을 표현하는 전 과정을 통해 내면의 균형을 유지해야 한다.

내면의 비판자가 나를 괴롭힐 때

어떤 제도나 사회현상 및 사람을 비판하는 이유는 그 대상에게 긍정적인 변화가 있기를 기대하기 때문일 것이다. 우리 내면에서 일어나는 자기 감시와 비판 역시 긍정적 동기로서 작동하고 때로는 책임감을 동반하기도 한다.

내면의 비판자라고 할 수 있는 '죄책감'은 내 잘못에 부담을 느끼는 감정으로, 원칙을 어기거나 가치관에 부합하지 않은 행동을 했을 때 나타나곤 한다. 남을 지키는 데 필수적인 감정으로, 보통은 양심의 소리라고도 하며 내 잘못에 대한 내면적 성찰이라고도 할 수 있다. 즉, 나로부터 누군가 상처입는 것을 막아주는 감정이다.

죄책감을 느끼지 못하는 사람은 브레이크 없는 자동차와 같다. 사이코패스가 바로 그러한 경우이며 학교 폭력의 가해자나 범죄자에게서도 죄책감이 결여된 모습을 자주 목격할 수 있다. 그런 모습을 지켜보는 대중은 인간으로서 최소한의 양심도 없는 그들의 태도에 분노하기도 한다. 이처럼 우리는 누군가가 잘못을 저질렀을 때 그 사람이 그에 합당한 감정을 느끼기를 원하고, 우리 스스로에게도 그럴 것을 기대한다. 자아를 경계하며 타인을 지키는 감정으로서의 죄책감은 인간이 다른 동물과 구별되고, 인간을 가장 인간답게 만들어주는 감정으로 볼 수 있다. 동물은 오직 자신의 생존을 위해 다른 동물

4장. 내 감정을 돌보며 사는 삶

을 해치지만, 해치고 나서도 죄책감을 느끼지는 않을 것이다.

죄책감 자체는 이처럼 '건강한' 감정 중 하나이다. 내 행동에 책임지겠다는 의지, 잘못을 시인하고 용서를 비는 용기, 지금보다 더 나아질 것이라는 기대를 모두 포함하는 감정이다. 신을 믿지 않는 사람도 이러한 죄책감의 감시 아래 스스로의 행동을 통제할 수 있으며, 죄책감이 주는 괴로움 때문에 사회질서가 유지될 수 있다. 그리하여 안락함에 대한 합의로서의 정의도 생겨났으며, 죄책감은 인간을 둘러싼 환경, 동물과 유기적으로 연결된 삶에 대한 염원과 멸종 위기에 처한 생물종에 대한 미안한 감정으로까지 확장되어 나아간다.

죄책감 하나만 놓고 봤을 때는 깊이를 가늠할 수 없는 수렁으로 빨려 들어가 영원히 어둠 속에 갇히는 것 같겠지만, 그것이 책임감과 연결될 때는 용기와 정의감과 숙연함까지 아우르는 빛처럼 느껴진다. 우리 내면에 잘못을 저지르는 자아가 있다면, 그 잘못을 꾸짖는 자아도 있다. 두 자아의 목소리를 동시에 듣고 있기 때문에 해결책을 찾을 수 있고, 옳은 행동으로 자신의 잘못을 수정할 수 있으며, 더 깊은 수렁에 빠지는 자신을 경계할 수도 있는 것이다. 즉, 죄책감은 우리가 잘못된 길로 갈 때 옳은 쪽으로 방향을 돌리게 하는 영혼의 소리이자, 지혜로운 목소리, 방향지시등이다.

그런데 이 감정이 완벽주의와 만나면 쉽게 '자기 비난'으로 전락하고야 만다. 완벽하지 못한 이유, 실수하는 이유, 의지가 쉽게 꺾이는 이유 등에 집착하면서 병적인 죄책감에 빠져드는 것이다. 행동에 초점을 두고 잘잘못을 따지는 것이 아니라, 그러한 행동을 한 자신은 멍청하고, 열등하고, 어리석었다며 인간으로서의 자신을 비난하기에 이른다. 이러한 병적 죄책감은 의심과 불안감, 우울증까지 동반할 수 있다. 죄책감이 건강하게 내면을 단속하는 역할에 그치지 않고, 지속적으로 자신을 처벌하고, 자책감에서 벗어나지 못하게 함으로써 또다시 죄책감을 느끼는 악순환이 발생하는 것이다.

이러한 건강하지 못한 죄책감의 굴레에 빠져 스스로를 정서적으로 학대하기에 이른 이유는 이를 부추기는 외부세계의 메시지가 분명히 존재해왔기 때문이다. "내가 너를 어떻게 키웠는데", "엄마가 아픈 건 다 너 때문이야", "너는 어쩌면 그렇게 엄마를 실망시킬 수 있는 거니?", "너는 엄마를 힘들게 하려고 태어났니?" 하는 식의 말은 아이였던 우리에게 아무렇지 않게 전달되었고, 부모가 전하는 교육적 메시지의 일부처럼 여겨지기도 했다. 이런 말을 비판적으로 받아들이지 못하고 곧이곧대로 믿으면 '나는 부끄러워 마땅한 존재'가 되어버린다. 급기야 자신이 옳다고 여기는 것이 아니라 자신에게 기대되는 것을 행하기에 이른다.

이들은 본인이 피해자일 때조차 '나 때문에'라는 죄책감에 시달린다. 학대를 당한 아이들은 "내가 그때 그 말을 하지 말았어야 했다", "말을 더 잘 듣는 부드러운 성격이어야 했다"는 내면의 목소리로 스스로를 상처 입힌다. 이러한 패턴은 지속적으로 학교 폭력을 당한 아이들에게서도 자주 발견된다. 자신이 학교 폭력의 피해자이면서도 '나 때문에 모두가 불행하다'는 트라우마와 죄책감을 느낀다. 그래서 자기만 없으면 모두가 행복할 거라는 결론에 이르고, 급기야 잘못된 선택을 하기도 한다.

물론 부모도 죄책감에서 결코 자유롭지 않다. 아이가 비뚤어지거나 잘못된 길로 가면 모두 자기 탓으로 돌리며 '내가 잘못 키워서 아이가 잘못되었다'는 결론에 수시로 도달한다. 특히 부모의 삶과 자식의 삶이 분리되지 않은 대한민국 같은 나라에서는 이러한 부모의 모습을 상당히 흔하게 볼 수 있다.

자신을 향한 죄책감은 타인을 다치게도 한다. 내가 느낀 상처와 고통을 남들과 자꾸 나누려 하고, 남을 다치게 하는 불안정한 행위를 함으로써 안정감을 느끼는 묘한 심리적 상태에 놓인다. 타인이 고통을 받을 때 안심하는 것이다. 폭력의 피해자가 폭력의 가해자가 되는 이유에는 이러한 배경이 있다.

인간을 어둠에서 빛으로 구원하기 위해 존재해온, 남에게 진심으로 용서를 구할 수 있는 용기의 근원이었던 죄책감이 평생의 삶을 옭아매는 사슬로 작용하고 있다면 이 사슬과 올가미를 어떻게 벗어던질 수 있을까? 몇 가지 방법을 제시하고자 한다.

첫째, 자신의 죄책감을 인지해야 한다. 의식적이든 무의식적이든 죄책감을 억압하고 있다면 죄책감은 쉽게 우리에게 들키려 하지 않을 것이다. 그래서 죄책감이 병적일수록 전문가의 도움을 받아야 하며, 자신이 어떠한 죄책감에 사로잡혀 있는지 확인해 그것을 입 밖으로 끄집어내야만 한다. 죄책감은 우리가 숨죽이고 있을수록 우리에게 더 기생하려 드는 속성을 가지고 있다. 죄책감을 최대한 표현하고 그것을 단지 감정에 머물게 하지 말고 책임감이라는 행동으로 해소해야만 한다. 용서를 구하고 용서해주는 분명한 행위로써 말이다. 스페인 극작가인 하신토 베나벤테Jacinto Benavente는 "죄책감은 빚과 마찬가지로 그 값을 치르기 전까지는 극복될 수 없다"고 했다. 죄책감을 책임 있는 행동으로 전환하지 않으면 우리가 계속해서 갚아야 할 빚으로 남아 독촉과 경고장을 끊임없이 보낼 것이다. 그 앞에서 행동하지 않는 나는 죄책감의 적이 될 수밖에 없다.

둘째, 자신이 믿고 따랐던 신념이 과연 옳았는지 확인한다. 부모든, 교사든, 친구든 주변으로부터 혹은 사회로부터 받았던 메시지의 기저에 있던 의미를 아무런 비판 없이 그대로 수용하여 믿어온 건 아닌지 의심해봐야 한다. 독일 나치에 이끌려 무고한 사람들을 죽이는 데 동참했던 사람들이 여전히 아무런 죄책감도 느끼지 않고, 우리나라 사람들을 학살하고 무참히 짓밟았던 일본이 자기반성과 진정성 있는 사과를 하지 않는 이유는 자신이 믿어왔던 신념을 한 치도 의심하지 않았기 때문이다. 반성과 후회가 성립하려면, 행동의 목적이 선한 것이었는지 아니었는지를 알아내기 위한 노력이 필요하다. 내가 갖고 있던 신념이 극도로 엄격하지는 않았는지, 그 신념의 목적 자체가 나에게 선한 영향을 끼쳤는지를 확인해야만 죄책감의 고통에서 벗어날 수 있다.

셋째, 누구나 실수를 저지를 수 있음을 받아들인다. 그 실수에 대한 다른 사람의 반응은 내 책임이 아니라 전적으로 다른 사람의 몫이라는 것도 인정해야 한다. 내 행동에 화를 내든, 낙담을 하든 그 사람의 감정은 그 사람이 처리해야 할 문제지 내가 끼어들 수 있는 영역이 아니다. 최대한 예의를 갖춰 남의 감정을 대해야겠지만, 그 예의의 영역에서 내가 문제를 해결해야 할 의무는 없다. 이러한 사실을 스스로에게 끊임없이 이야기해주고 안심시켜야 한다.

죄책감을 갖고 자학한다고 해서 득될 것은 하나 없다. 숨긴다고 해서 내가 더 나은 사람이 되는 것도 아니다. 죄책감이 내가 초래한 결과가 맞는지 확인하고, 내가 초래한 결과가 아니라면 죄책감을 끊어내야 한다. 그리고 내가 초래한 결과라면 책임감을 가져야 한다. 쓸모없는 고통을 극복하려면 빚을 갚는 수밖에 없다. 오랜 시간 방치했다면 이자까지 갚아야 할 것이다.

감정 흡혈귀와 결별하는 법

살다 보면 나의 영혼을 충만하게 하고, 내 최고의 모습을 끌어내주는 관계를 만들 수도 있지만, 때로는 자신이 원하는 것을 쟁취하기 위해 아무 거리낌 없이 남을 조종하고 이용하는 사람을 만나 그들이 만든 감옥 안에 갇힌 채 파괴적 관계를 맺을 수도 있다. 남을 조종하고 남의 감정에 빨대를 꽂아 기생하며 왜곡된 감정으로 왜곡된 관계를 만드는 사람을 감정 포식자, 감정 조종자, 감정 흡혈귀, 감정 좀비라고 칭한다. 처음에는 감정적 피해를 입고 있다는 것을 잘 알아차릴 수 없어 피할 생각조차 하지 못했는데, 이상하게 만나고 나면 에너지가 소진되거나 감정이 복잡해지는 사람이 주위에 있지 않은가? 그런 사람이 바로 감정 흡혈귀이다.

멜라니 클라인Melanie Klein과 하인츠 코헛Heinz Kohut의 '대상 관계이론'에 따르면 어린 시절 양육자로부터 따뜻한 양육을 받지 못했던 사람들은 관계에 있어서 중요한 상대에게 투사적 동일시projective identification를 사용한다고 한다. 투사적 동일시는 한 개인이 특정 상황에서 다른 사람의 행동이나 반응을 유발하게 하는 대인관계 행동유형이다. 대표적 유형으로 환심사기, 의존, 힘, 성이 있다. '환심 사기'는 자신의 희생을 강조하며 "너는 나에게 빚지고 있다"는 메시지를 주어 상대의 관심과 사랑을 얻어내는 방법이고, '의존성'은 "나는 너 없이 살

4장. 내 감정을 돌보며 사는 삶

수 없다"는 메시지를 전달하여 나를 돕게 만드는 것이다. '힘'은 "너는 나 없이 살 수 없다"는 메시지로 상대를 무기력하게 만드는 것이고, '성'은 "나는 너를 성적으로 즐겁게 해주겠다"는 메시지를 전달한다. 이 모두는 자신의 행위로 상대의 행동과 정서를 조종하기 위해 작동한다.

그들이 가진 가장 중요한 특징은 자신의 감정에 전혀 솔직하지 않다는 것이다. 감정을 숨겨야 하는 환경에서 자랐거나 자신을 지키기 위한 방어기제가 고착화되었을 가능성이 크다. 아주 어릴 때부터 시작되었기 때문에 자신이 감정을 숨기고 있다는 것도, 자신에게 오로지 이성만이 남았다는 것도 자각하지 못할 확률이 높다. 이들은 감정적으로 구는 데 거부감을 느끼기 때문에 감정적인 사람을 공격의 대상으로 삼기도 한다. 이성이 최고의 선이라 생각하므로 대인관계나 사회생활 모두가 논리적으로 다뤄야 할 대상일 뿐이다.

언뜻 보기에 감정 흡혈귀는 상당히 적극적이고 매력적으로 보이기도 한다. 영화에서도 뱀파이어 백작은 매력적이고 잘생겼고, 누군가를 물기 위해 엄청나게 적극적인 태도를 취하지 않던가. 이들은 실제로 사람들에게 적극적으로 다가가고, 친절하고, 쾌활하며, 위트 있다. 연기에 능하기 때문에 희생자 이외의 사람들은 그에 대해 부정적인 평가를 내리지 않을 수도 있다. 그들의 가장 확실한 특징은 바로 두 얼굴이다. 대외적으로는 좋은 사람이지만, 가까운 사람이나 희생자에게는 퉁명스럽고 짜증을 부린다. 희생자 역시도 처음에는 알아차리지 못한다. 처음에는 희생자에게도 장난도 치면서 친근하게 대했을 것이기 때문이다. 그런데 어느 순간이 되면 그가 나를 경멸하고 있음이 느껴지고, 단둘이 있을 때뿐만 아니라 여러 사람 앞에서도 나를 무시하고 조롱하며 농담거리로 삼고 있음이 분명해진다. 그 모든 행위는 잘나 보이는 사람을 꺾어서 자기가 더 돋보이려는 속셈이다.

누군가에게 자신의 힘을 행사하려는 사람들은 대부분 외부에 비치는 자기 모습에 지나친 강박관념을 가지고 있다. 자신의 실제 모습에 거부감과 혐오감을 느끼고 있기 때문에 늘 가면 뒤에 숨어 산다. 이들은 남이 자신을 그렇게 대해왔기 때문에 자신을 혐오하게 된 것이라 믿고 자신을 희생자라고 생각한다. 타깃으로 삼은 사람을 대하는 방식이 자신이 받아온 방식이라 믿는 것이다.

이들은 남의 취향과 의견을 무시하는 경향도 강하다. 누군가의 목표를 들으면 코웃음을 치기도 하고, 남의 감정을 비꼬는가 하면, 남의 생각과 의견을 비난하기를 즐긴다. 감정적으로 누군가를 지지해본 적이 없을 것이며 공감하지도 못한다. "왜?"라는 말을 많이 하는데, 좀처럼 이해하지 못하고 공감하지 못하니 당연한 일이다. 그리고 자꾸만 "네가 문제"라고 말한다. 우울해도 네가 문제, 누구와 싸워도 네가 문제 등등 모든 일이 상대방의 문제로 귀결되고야 만다. 이는 최대한 남의 자존감에 흠집을 내기 위한 계략이다. 이들에게 자존감이 낮아 보이는 사람은 통제 대상이 될 수도 있다. 강자에게 약해지는 비겁함의 소유자이기 때문에 이들에게는 최대한 강하고 자신감 있는 사람으로 보이는 것이 유리하다.

먼저 자신의 감정을 전혀 돌볼 줄 모르는 사람은 자신의 감정을 조절하는 방법도 알지 못하며, 남을 조종하기를 원한다는 사실을 기억해야 한다. 감정 흡혈귀는 인간의 복잡한 감정 구조 중에서도 변덕스러운 감정에서 힘을 얻고, 다른 사람의 자존감을 약탈한다. 그러므로 경계해야 할 대상 1호이다.

흡혈귀는 피가 모자라 남의 피를 먹어야 살 수 있다. 마찬가지로 남의 감정을 파괴함으로써 에너지를 쟁취하는 사람은 감정이 미숙한 사람이다. 감정에 무지한 사람은 남과 어떻게 건강한 관계를 형성할 수 있는지 알지 못한다. 우리는 그를 변화시킬 수 없다. 그의 변화는 오직 그의 몫이며 우리가 할 수 있는 것은 최대한 이들로부터 멀리 도망가는 것밖에 없다. 소중한 곳을 물려서 정서적 결핍에 허덕이거나 거짓된 관계에 속아 넘어가 기력을 모두 소진하기 전에 액션을 취해야만 한다.

나에게 주는 것 없는 사람, 만나면 제 말만 하기 바쁜 사람, 자기가 필요할 때만 연락하는 사람, 내 의견을 묵살하는 사람, 나의 거절에 앙갚음하는 사람, 남의 말을 쉽게 오해하는 사람, 내 눈에 보이고 내 귀에 들리게 뒷담화를 하는 사람, 나를 함부로 비난하는 사람, 사사건건 말꼬리를 물고 늘어지는 사람. 이상은 나의 소중한 피를 노리는 흡혈귀 명단이다. 뒤돌아볼 것도 없이 관계를 맺지 않아야 하고, 이미 관계를 맺었다면 이들의 정체를 인식하고 경계를 세워야만 한다.

이들은 경계를 세우려고 하면 자신을 거부했다고 생각해서 분노할 것이다. 더 흠집을 내기 위해 바득바득 나에게 달려들 것이다. 그보다 더 기 세게 나가거나, 육체적인 힘으로 그를 제압할 자신이 없다면 아무 반응도 하지 말고 그냥 삼십육계 줄행랑을 치는 것이 답이다. 경계를 세워야 하는 시점이 찾아왔다는 것 자체가 이미 그에게 여러 번 당했으며 그를 쳐내지 못하고 있다는 이야기다. 이제 그는 내가 무섭지 않을 것이므로 혼자서 싸우기 벅찰 수도 있다. 그럴 때는 이미 그를 이겨낸 사람과 연합하는 것도 방법일 수 있다. 그런 사람을 찾기 어렵다면 이때도 그냥 그와의 관계를 끝내는 것밖에는 방법이 없다.

이런 기미가 보이는 사람에겐 처음부터 'No'를 말하는 것이 가장 좋다. 남에게 친절한 사람일수록 No를 말하지 못하고 죄책감을 느끼곤 하는데, '쉬운 사람'과 '좋은 사람'은 다르다. 둘을 구별해야만 한다. 상대가 부당한 요구를 한다면 단호하게 거절해야 하며, 심리적 선을 넘고 있다면 변화를 요구해야 한다. 그래도 변하지 않는다면 바로 관계를 차단함으로써 나는 너에게 당할 만한 사람이 아님을 보여줘야 한다. 나는 용기 있는 사람이며, 나를 지킬 수 있는 사람이며, 품위 있는 사람이라는 것을 확인시켜줘야 한다. 그것이 결국 나에게 좋은 일이다.

관계를 명분으로 자신의 고유한 의미를 외면하고, 관계에서 나를 소외시켜오지는 않았는지 생각해보라. 관계와 사랑이 제아무리 인간의 운명이라 해도 고귀한 존중이 빠진 관계는 기쁨이 될 수 없다.

감정 고갈에 대처하는 자세

현대인의 뇌를 쉬게 하자는 취지로 2014년에 처음 '멍때리기 대회'라는 이색 대회가 개최되었다. 글자 그대로 아무생각 없이 가장 멍을 잘 때리는 사람에게 상을 준다. 생각하고 행동하고 움직이는 모든 활동을 뇌에서 관장하기 때문에 뇌는 몸 전체가 사용하는 에너지의 20%가량을 소비한다. 그래서 뇌를 쉬게 해줘야 건강한 삶을 유지할 수 있다. 그런데 얼마나 많은 사람이 쉴 틈 없이 움직이고 끊임없이 생각하면서 바쁘게 지냈으면 이런 대회를 만들어서까지 쉬게 하고 싶었던 것일까.

많은 이들이 아무것도 하지 않는 상태를 못 견뎌한다. 눈 뜰 때부터 감을 때까지 쉴 새 없이 많은 정보를 입력한다. 쉴 때도 업무 메시지를 받아야 하고, 스마트폰을 손에 쥐고 항상 세상과 연결돼 있어야 마음이 놓인다. 주어진 과제를 완수해 자신의 열정과 능력을 증명해야 하고 바쁜 스케줄에 쫓기다가 쉬는 시간이 주어져도 어떻게 쉬어야 하는지 잘 모르는 사람이 넘쳐난다. 주위엔 정서를 교감하는 사람보다 경쟁자가 허다하고 거절하지 못해서 때로는 내 일이 아닌 것까지 떠맡기도 한다.

프로이트는 "생각이 엔진이라면 감정은 연료"라고 말했다. 제아무리 번듯한 외관을 갖춘 자동차라도 연료가 없으면 무용지물이듯이, 겉으로는 근사하고 멀쩡해 보이는 사람도 감정의 연료가 채워지지 않으면 숨 하나 들이쉬고 내쉬는데도 부서질 것 같은 기분에 휩싸이기 쉽다. 그런데 현대인은 감정을 채울 수 있는 자원은 없는데 오로지 소모만 하는 것처럼 보인다. 모든 사람이 열심히 살고 있으니 나 혼자 열심이지 않으면 곧 도태될 것만 같아 속도를 늦추거나 멈추기도 요원해진다.

현대인 다섯 명 중 한 명은 정서적 탈진을 경험한다고 할 정도로 우리의 감정 연료는 거의 고갈 상태이다. 감정의 연료가 부족하면 거창한 계획을 세워놓아도 실천에 옮길 에너지가 부족하고, 일을 지속하면서도 스트레스가 매우 증가하여 스트레스 지옥에서 벗어날 수 없다. 불편한 감정을 꾸역꾸역 집어삼키고 마음의 짐을 더 높이 쌓아 올린 결과, 스트레스가 해소되지 않고 전혀 의욕이 생기지 않아 방바닥에 붙어 지내면서 누구와도 교류하고 싶지 않은 마음이 드는 것이다. 이를 흔히 탈진, 고갈, 소진이라고 부른다.

UC 버클리대학교 심리학과 명예교수이자 1970년대부터 '번아웃burnout'에 대해 연구한 크리스티나 매슬랙Christina Maslach은 개인이 정서적 자원을 모두 소모했다고 생각하여 긴장감과 좌절감을 느끼고, 더 나아가 일을 두려워하게 되는 상황을 '번아웃'이라 설명했다. 스트레스, 일상의 걱정, 다른 사람들로부터 전염되는 긴장, 두려움, 과거의 무게, 미래에 대한 두려움부터 존재의 불안까지 모든 종류의 감정 영역이 영향을 미친다.

번아웃은 단순한 스트레스 이상을 의미한다. 스트레스는 그것을 유발하는 상황이나 요인이 없어지면 자연스레 사라지지만 번아웃은 만성적으로 진행되며, 대인관계에서 발생하는 스트레스 원인에 대한 장기적인 반응이기도 하다. 또한 스트레스에는 일을 추진하는 힘을 주는 등의 긍정적인 영향도 있지만, 번아웃은 그 어디에도 긍정적인 요소가 없다.

매슬랙은 업무 또는 공부의 양이 지나치게 많지는 않은지, 일이나 공부를 할 때 나에게 어느 정도의 재량권이나 자율성이 주어져 있는지, 적절한 보상이 존재하는지, 함께 일하는 사람들과의 관계가 원만하며 모르는 것을 묻고 도움을 요청할 수 있는지, 회사의 정책이나 일이 분배되고 진행되는 과정이 공정하다고 느껴지는지, 내가 하는 일을 가치 있다고 느끼는지 등을 고려해보라고 조언한다. 즉, 주고받음이 적절히 균형을 이루고 있는지를 살피라는 것이다. 감정의 고갈은 주고받는 것 사이의 불균형 속에서, 주로 희생을 당하는 사람에게서 나타나는 증상이니까.

감정의 고갈 상태에 빠지면, 처음에는 아주 작은 일에도 과민하고 예민하게 반응하고 아무것도 아닌 일에 울고 화를 낸다. 집중력과 기억력이 저하되며 자신이 하는 일에 더 이상 열정과 흥미를 느끼지 못한다. 부정적인 생각이 수시로 들고, 세상은 나 없이도 잘 돌아가고 나 혼자만 세상과 동떨어진 것 같으면서 아무것도 느끼지 못하는 상태에 빠지기도 한다. 이러한 감정 소진은 곧 육체적 피로로 이어진다. 하루 종일 쉬었는데 피로감이 사라지지 않고 온몸의 힘이 다 빠지는 듯한 느낌이 지속된다. 감정의 고갈 상태는 피로, 냉소, 낮은 성취감으로 요약할 수 있다.

'피로'는 잘 먹고 잘 쉬기만 해도 어느 정도 완화된다. '냉소'는 주로 의미의 상실로 인해 발생하기 때문에 관계의 의미를 찾으며 극복해야 한다. 매슬랙 박사도 번아웃 퇴치에 가장 좋은 방법으로 다른 사람과 어울리고 이야기하는 것을 꼽기도 했다. 서로 손을 내밀어주는 관계란 은행의 두둑한 계좌와 같다고 했다. 자신의 일을 재정의해보는 것도 좋은 방법이다. 일을 통해서 창출할 수 있는 가치를 중심으로 자신의 업무를 묘사해보는 것이다. '낮은 성취감'을 해결하기 위해서는 업무를 조금씩 분산해보는 것을 추천한다. 번아웃은 너무 많은 일에 압도되어서 일어나기 때문에 한꺼번에 일을 몰아서 하면 업무 효율도 떨어지고 성취감도 느낄 수 없게 된다. 평범한 목표를 세우고 단순하고 잘게 쪼개어 조금씩 처리해야 과중한 업무에 압도되지 않을 수 있다.

감정 고갈을 극복하려면 자신에게 자유 시간을 허락해 휴식을 취할 수 있도록 해주면서 동시에 사랑을 주어야 한다. 자신이 잘 지내고 있는지 스스로 묻고 너무 많은 것을 요구하거나 몰아붙이지 않으면서 자신에게 조금 더 민감해져야 한다. 자기를 사랑한다는 것은 어떠한 활동이나 행동을 뜻하지 않는다. 말 그대로 자신에게 좋은 감정을 느끼는 '상태' 그 자체를 의미한다. 자신에 대한 감사의 상태, 동정과 이해의 상태, 가치에 대한 존중의 상태, 용서의 상태인 것이다. 자신에 대한 사랑을 회복해야 자기 자신을 보살필 수 있다. 이때의 보살핌은 해로운 영향을 미치는 사람들과 자신을 분리하고 그들로부터 스스로를 보호하는 것까지 포함한다.

우리는 가끔 타인에게 인정받기 위해 나 자신을 배신하기도 한다. 남에게 잘 보이기 위해 자신을 희생한다. 남에게 인정받기 위해 자신을 궁지로 몰아넣고 일이 잘 안 되면 자신을 비난한다. 도움이 필요하다는 내면의 목소리도 외면한다.

내면의 상처를 회복하는 데는 돈 한 푼 들이지 않으면서 완벽한 겉모습을 위해서는 온갖 노력과 비용을 들인다. 정작 자신을 잃어버리고서는 다른 누군가를, 무언가를 찾아서 헤맨다. 완전한 삶을, 완전한 사랑을 꿈꾼다. 그러다 그러한 것이 존재하지 않음을 깨닫고는 이내 좌절한다. 다른 사람의 인생을 엿보면서 다른 사람은 왜 저렇게 여유로운 걸까 자문하다 또다시 그들이 가진 완전한 삶을 꿈꾼다. 또다시 좌절한다.

무언가를 이루기 위해 시간에 쫓겨 살면서 그것을 성실한 것으로 착각하는 순간, 내 스케줄 표는 빼곡해지고, 나를 돌볼 틈은 사라진다. 뿐만 아니라 다른 사람과의 관계 맺기는 무가치한 일이 되어버린다. 결국 자아도 잃고 사람도 잃는다. 인간은 원래 혼자서 시간을 보낼 수 있는 자유로운 존재이며, 그로부터 모든 사물과 사람을 새롭게 인식할 수 있는 힘이 생긴다. 우리는 이제 시끄럽게 돌아가는 세상에서 나무늘보처럼 고요하게 세상을 관망하는 자세를 배워야만 한다. 그동안 갈망했던 것들을 멀고 낯설게 떨어뜨려놓고 바라보면, 그러한 갈망이 습관에 지나지 않았음을 깨닫는 각성의 순간을 맞이할 수 있을 것이다.

의존의 매듭을 푸는 법

인간은 사회적 동물이다. 그래서 혼자라는 사실이 버겁고, 외로움이라는 감정에 만성적으로 시달린다. 외로움 혹은 고립에 대한 공포는 결국 타인에게 감정적으로 의존하게 만들기도 한다. 특히, 오래된 결핍과 소통의 부재를 겪고 있는 사람, 계속해서 누군가와 연결되려는 욕구와 인정받고자 하는 욕구가 강한 사람, 자존감이 낮고 스스로 무언가를 결정하기 힘든 사람들은 애정을 지속적으로 요구한다. 이들에게 관계란 성장을 위해서가 아니라 자신의 결핍을 감소시키기 위해 존재한다. 이러한 결핍 감소 지향성은 남에게 주목받고 싶어 하고, 남과 비교하고, 인기를 갈망하는 것과 관련이 깊다. 급기야 그러다 타인에게 쉽게 종속되고야 만다.

새끼 코끼리 발목에 쇠사슬을 묶어놓고 도망가지 못하게 하면, 쇠사슬을 충분히 끊어낼 수 있는 어른 코끼리가 되어서도 쇠사슬을 끊어낼 생각을 하지 못한다. 뿐만 아니라 쇠사슬을 벗겨줘도 쇠사슬이 묶여 있던 기둥을 벗어나지 않는다. 인간도 이와 별반 다르지 않다. 단지 갖가지 변명, 자기기만, 인지부조화 등의 눈에 보이지 않는 요소가 쇠사슬 역할을 대신하고 있을 뿐이다.

감정적 의존은 상대에 대한 강력하면서도 미성숙한 애착에 의해 만들어진다. 감정적 의존에 빠진 사람은 상대가 없으면 행복할 수도, 살 수도 없다고 믿으며 자기 자신을 선천적으로 약한 존재로 의식한다. 자신의 능력을 과소평가하기 때문에 자신이 의존하는 사람이 자기 대신 결정을 내려야 한다고 생각한다. 심지어 이들은 상대가 자신을 무시하거나 나쁘게 대해도 의존성을 결코 바꾸지 못한다.

인지부조화의 개념을 창안한 레온 페스팅거Leon Festinger는 의존적인 관계 내에서는 인지부조화가 자주 발생한다고 말한다. 사람들은 보통 자신의 신념, 가치관, 행동 사이에 내적 일관성을 유지하기 위해 노력하고, 균형이 깨졌다고 생각할 때는 불편감을 느껴 불균형을 바로잡으려고 한다. 그런데 의존적인 사람은 자신에게 유해한 영향을 끼치는 관계로부터 탈출해야 한다는 것을 알면서도 고독이 두려워 그 상태 안에 머문다. 이들은 옆에서 누가 건강하지 못한 관계를 끝낼 것을 종용할 때, 잘못된 관계를 끊는 것이 아니라 끝내라고 말하는 사람과의 관계를 끊어버린다. 의존 관계에 갈등과 불협화음을 야기하지 않기 위한 전략이다.

유해한 관계 내에서는 '결국 잘될 것'이라거나 '그 사람이 변할 것'이라는 자기기만과 변명이 수시로 나타난다. 인지부조화에서 발생하는 불편감을 해소하기 위해 자신의 모습을 위장하고, 그렇게 위장된 모습이 진짜라고 믿기에 이른다. 논리적으로 관계를 끊어내는 것이 아니라 거짓된 안락함에 안주하면서 사랑의 '의미'보다는 혼자 있지 않기 위한 '필요'에 초점을 둔다. 이는 이별 자체에 과장된 공포와 비합리적일 정도의 두려움을 갖고 있기 때문이며, 이별을 마치 심연 속으로 가라앉아 다시는 그로부터 헤어 나올 수 없는 상태처럼 느껴서이다.

관계를 끝낸다는 것은 누구에게나 힘든 경험이다. 하지만 보호받으려는 강한 감정에 이끌려서 관계의 질은 전혀 상관하지 않고, 오직 관계 욕구에만 집착하는 불안정한 유대관계가 진정한 행복을 가져다주지 않을 것임은 너무나 자명하다. 감정적 의존은 자기 자신에게 감사함을 느끼지 못하게 하며 우울증, 불면증, 식욕부진 등의 문제까지도 일으킨다.

이러한 감정의 의존이 꼭 연인 관계에서만 생기는 것은 아니다. 감정적 의존이 만연하면 가족 내에서도 오직 부모를 중심으로 삶이 돌아가고 항상 부모의 의견을 필요로 한다. 간혹 독립을 원하는 자녀에게 피해자인 척 구는 부모도 있다. 이런 환경에서 부모는 나를 조종하고, 나는 소외된다. 사회관계에서도 다른 사람의 문제에 먼저 뛰어들면서 자기 존재감을 확인하려는 사람들이 있다. 겉으로는 상당히 이타적으로

4장. 내 감정을 돌보며 사는 삶

보이지만, 정작 자기 문제는 제쳐두고 희생하면서 다른 사람과 연결되려고 한다는 점에서 이타성과는 성격이 다르다. 없어서는 안 될 존재, 꼭 필요한 존재가 되기 위해 노력하는 것이다. 감정적 의존 상태에 있는 사람은 항상 타인을 행복하게 하기 위해 고민하고 독점적인 관계를 맺기를 원한다. 그러다가 결국 관계에서 에너지만 소비하고 실망하게 되지만.

이렇게까지 관계 자체를 욕구하면서 의존적 관계에 중독되는 이유는 무엇일까. 많은 심리학자가 성인의 사랑과 유대 확립의 방법이 어린 시절 애착을 경험한 방식에 의해 제약을 받는다고 말한다. 부모에게 과보호를 받으면서 자랐다면 쉽게 불안감을 느끼면서 자신을 보호해줄 사람을 찾게 될 것이고, 정서적 유대감을 거의 갖지 못하는 환경에서 자랐다면 자신에게 애정을 줄 누군가를 필사적으로 찾게 될 것이다.

존 볼비는 이를 부모와 아이 사이의 감정적 관계를 보여주는 '애착이론'으로 설명한다. 애착은 아이가 부모와 함께 있을 때 형성되고, 감정 발달의 기반이 된다. 안정애착을 경험하지 못하면 먼 훗날 감정의 의존 관계에 빠질 확률이 높아진다. 안정애착을 경험한 아이는 양육자에게서 받은 사랑을 통해 자신이 사랑받을 만한 귀한 존재라고 여기며 기본적으로 사람을 신뢰한다. 그래서 성인이 되었을 때도 관계에서 낮은 불안과 낮은 회피를 보인다.

의존적인 관계에는 불안, 불신, 죄책감, 두려움, 고통이 혼재되어 있고, 이러한 관계에서 나는 제한될 수밖에 없다. 상대를 화나지 않게 하기 위해 애써야 하며, 비난과 평가절하 등의 언어적 폭력부터 육체적 폭력까지 참아내는 경우도 있다. 자신을 충분히 가치 있는 존재라고 생각하지 못하는 사람일수록 남에게 의존하게 되고, 이는 곧 폭력의 관계에서조차도 자유롭지 못함을 의미한다.

볼비는 애착관계가 어린 시절에 시작돼서 평생에 걸쳐 형성된다고 밝혔다. 어렸을 때 부모와의 안정애착을 경험하지 못했더라도 성인이 되어 건강한 애착을 형성할 수 있다는 것은 희망적인 메시지이다. 그러려면 건강한 정서를 가진 사람을 만나고, 신뢰할 만한 사람을 발견하기 위해 애써야 한다.

신뢰가 바탕이 된 안정적이면서도 건강한 관계는 '내가 그대로 존재'함으로써 타자와 공존할 수 있는 관계를 의미하며, 나와 타자가 함께 서로를 구성한다는 생각에서 비롯된다. 관계를 통해서만 나 자신일 수 있는 것도, 거시적 공생의 관계를 배제한 후 자신을 발견하는 것도 건강하지 못하다.

감정적으로 서로 연결되는 것과 의존하는 것은 분명 다르다. 연결은 독립된 개체들 사이의 상호작용이고, 의존은 종속적이고 일방적인 작용이다. 정서적으로 독립을 이루어야만 인간관계의 모든 권력 구조를 조각낼 수 있다. 정서적 독립을 이루기 위해서는 남에게 감정적으로 의존하고 있는 자신의 상태를 인식하고, 우리에게 남의 승인이 필요하지 않음을 확신해야만 한다. 생각, 감정, 목표설정, 성취와 실패, 결과 수용에 있어서 다른 사람의 인정과 승인은 그저 부가적인 요소일 뿐이며, 그 과정에서 이루어지는 각종 조언과 충고는 거부와 무시의 대상이 되어도 된다. 정서적 독립을 이루기 위해서 자기주장은 필수이며, 무엇보다 나에게는 오직 나 자신을 기쁘게 할 의무만 있을 뿐임을 알아야 한다.

의존을 끊어내고자 한다면, 남과 차별화된 취향과 취미를 통해 나만의 시간과 공간을 확보하는 것이 좋다. 혼자서 놀아본 적 없고, 혼자서 무언가를 할 엄두도 내지 못하는 사람이 있을 것이다. 산책, 영화 보기, 독서, 운동 등 혼자서 무언가를 하는 데에는 생각보다 큰 용기가 필요하지 않을지도 모른다. 혼자만의 시간이 주는 안락함과 즐거움을 느끼고 자기 자신과 평화롭게 지내는 법을 터득해야, 불편한 관계를 과감히 버릴 수 있고 건강한 경계선을 설정할 수 있다.

긍정 정서와 부정 정서의
균형 잡기

모두가 특별해지려는 세상이다. 특별한 사람이 너무나 많아서 웬만한 특별함으로는 눈에 띄기도 힘들다. 그러다 보니 모두가 실패에 과민해지고, 성공하기 위해 수단 방법을 가리지 않아도 눈감아주는 세상이 되었다. 〈심리 과학Psychological Science〉지에 실린 한 연구에 의하면, 실패를 성장의 자연스러운 과정이라고 생각하는 부모 밑에서 자란 아이는 실패를 대수롭지 않게 여기고 앞으로 더 노력하면 된다는 생각을 보인 반면, 실패를 금기시하는 부모 밑에서 자란 아이는 실패가 곧 자신의 한계를 의미하며 아무리 노력해도 나아지지 않을 것이라는, 다소 극단적인 모습을 보였다고 한다. 한 가지에 대한 실패가 더 이상 자신을 특별하지 않은 존재로 전락시킨다고 믿는 것이다.

우리는 어린 시절부터 잘하는 것을 더 잘하도록 만들어주는 성장의 교육방식이 아니라 못하는 것을 보완하고 보충하는 실패 대응의 교육방식에 익숙해져왔다. 미술을 잘해서 미술학원에 가는 경우보다 미술을 못해서 미술학원에 가는 경우가 더 많고, 피아노를 치고 싶지 않아 도망 다니면서도 엄마의 성화에 못 이겨 울며 겨자 먹기로 피아노 학원에 가야만 했다.

부족한 부분을 채우기 위해, 삶을 불편하고 불행하게 만드는 요소를 개선하기 위해 온 시간과 노력을 기울이다 보면 삶의 긍정 가치를 놓치게 되고, 긍정적 자아상을 갖기가 힘들어진다. 이렇게까지 우리가 부족한 부분에 집중하는 이유는 모든 것이 완벽한 상태를 이루어야 행복해진다는 환상에 사로잡혀 있기 때문이다. 그런데 약점을 완벽히 채운다는 것이 과연 가능하기는 한 걸까? 그것이 진정 행복하기 위한 길일까, 아니면 단순히 남들보다는 불행하지 않기 위한 노력일까.

인간은 부정적인 정보에 예민하게 반응하게 되어 있다. 나의 자아상에도 마찬가지이고, 다른 사람의 정보에 대해서도 마찬가지이다. 수많은 장점 가운데서도 유독 한 가지 단점만이 계속 눈에 들어와 나와 남에 대한 관점이 굴절된다. 열번의 성공 사례가 있어도 한 번의 실패 사례를 계속해서 곱씹으면서 부정적인 생각에 빠져 헤어 나오지 못할 때도 있다. 긍정적인 말보다 부정적인 말을 더 쉽게 잡아내고, 바른말보다 욕이나 잘못된 말이 더 잘 들린다. 긍정적 정서보다 부정적 정서의 강도가 더 세며, 주의도 더 잘 뺏는 등 실제로도 좋은 일보다 나쁜 일에 더 큰 영향을 받는다. 이와 같은 현상을 부정편향negativity bias이라고 부른다.

감정에 있어서도 편한 감정에는 연연하지 않으면서 불

4장. 내 감정을 돌보며 사는 삶

편한 감정을 더 의식하며 힘들어하는 이유도 이와 같다. 감정
은 순간적으로 들어왔다 나가는 일시적인 것인데 이러한 감
정이 순환되지 못하면 그것이 지속되는 정서를 만든다. 부정
적인 정서가 나의 주된 정서라면 해소되지 않은 불편한 감정
이 있다는 뜻이다. 우리 안에 부정편향의 특성이 있기 때문에
주된 정서를 긍정적으로 만들기 위해서는 긍정적 자원을 계
속해서 찾아서 채워야 긍정과 부정의 균형을 맞출 수 있다.

　　감정코칭을 개발한 존 가트맨^{John Gottman} 박사는 부정 정
서와 긍정 정서의 균형을 위해서 '1:5의 법칙'을 제시했다.
1:5의 법칙은 부정적인 경험을 한 번 했다면 긍정적인 경험
을 다섯 번 해야 감정을 중화할 수 있다는 뜻이다. 한 번 기분
나쁜 일을 경험했다면 다섯 번의 기분 좋은 일에 나를 노출함
으로써 부정 정서가 지속되지 않도록 해줘야 한다. 긍정 정서
를 연구한 바버라 프레드릭슨^{Barbara Fredrickson}은 부정과 긍정의
황금비율을 1:3으로 제시하며 한 번의 부정적인 기분에 휩싸
일 때마다 최소 세 번의 긍정적인 경험을 해야 한다고 했다.
그리고 그는 이 비율이 1:11을 넘어 긍정 정서가 과도하면 오
히려 독이 된다고도 했다. 자기기만에 빠져 자신의 성장을 등
한시할 수 있기 때문이다. 결론은 세 번이든, 다섯 번이든 부
정적인 경험을 희석하기 위해서는 긍정적인 경험을 의식적

으로 늘려야 하며, 그것이 적정한 비율이 되어야지 한 부분이 과해지면 오히려 부작용이 초래된다는 것이다.

긍정 경험을 늘리면 사고가 확장되면서 지속적으로 긍정 정서의 자원이 구축되므로 나쁜 인간에게 놀란 가슴은 좋은 사람들로 채우고, 나쁜 말을 들었다면 내게 좋은 말을 해주는 사람들을 만나 위로를 받고, 나쁜 경험을 좋은 경험으로 덮어야 한다. 중요한 건, 가트맨도 프레드릭슨도 부정 정서가 아예 0이 되는 상태를 이상적이라고 주장하지 않았다는 것이다. 긍정 정서만 있는 것이 좋은 건 아니라는 거다(현실적으로 그렇게 되기도 불가능하지만). 부정 정서와 긍정 정서가 알맞은 비율로 섞여 조화를 이루어야 삶의 전반적인 만족감과 행복감이 커진다.

사랑, 감사, 배려 등의 긍정 정서는 HRV heart rate variability(심박변이도)를 통일성 있게 해준다. 교감신경계 활동을 억제하고, 부교감신경계 작용을 활성화한다. 스트레스 호르몬인 코르티솔의 분비를 억제하고, IgA immunoglobulin A(면역체계 최전선에서 작용하는 항체)를 증가시킨다. 혈압, 콜레스테롤 수치를 관리하거나 금연을 하는 것보다 사랑을 받거나 베푸는 것이 건강이나 장수에 더 많은 영향을 미친다.

긍정 정서는 회복탄력성도 증가시킨다. 넘어져도 다시 일어나기 위해서는 심리적 자원psychological resources이 필요한데, 긍정 정서가 이러한 심리적 자원의 바탕이 되는 것이다. 심리적 자원이란 우리가 낙망하거나 스트레스 상황에 처해 흔들릴 때 흔들리는 나의 마음을 잡아줄 무언가, 즉 가까이 지내면서 서로 응원하는 대상, 휴식을 취할 수 있는 안락한 공간, 마음을 정화하고 누그러뜨릴 수 있는 음악이나 책, 스트레스를 날려버릴 수 있는 취미생활, 평화를 가져다주는 종교와 영성 등등을 말한다.

긍정 정서의 자원을 찾기 위해 기분이 편안하고 에너지를 얻는 장소는 어디인지, 가장 좋아하는 소리나 음악은 무엇인지, 함께하면 가장 안정되거나 사랑스러운 사람은 누구인지, 가장 좋아하는 활동은 무엇인지, 최근 가장 행복했던 순간은 언제였는지 한번 정리를 해보면 도움이 될 것이다. 이렇게 목록화하다 보면 생각보다 내가 가진 것이 많다는 것을 깨닫게 된다. 갖지 못한 것에 집중할 때보다 가진 것이 무엇인지 떠올리다 보면 감사하는 마음이 들고, 이는 긍정 정서를 더 끌어올려준다.

내가 잘하면 좋아하고, 못하면 싫어하는 조건적인 사랑은 아무도 사랑이라고 말하지 않는다. 자신에 대한 사랑도 마

찬가지이다. 내가 가진 가장 최선의 심리적 자원은 내가 얼마
나 나를 믿고 응원하는가이다. 애정과 응원으로 긍정 정서를
키우고 내 마음 밭을 비옥하게 가꾸어야 비료를 주어도 효과
가 있는 법이다.

4장. 내 감정을 돌보며 사는 삶

감정적으로 성숙해지는 길

감정의 성숙은 어른이 되었다고 해서 저절로 이루어지지는 않는다. 어떤 이들은 죽을 때까지도 이 성숙을 경험하지 못한 채 위험천만한 것들로만 자신을 채우기도 한다. 감정을 나로부터 분리하고, 감정이 나의 결점으로 작용하지 않도록 허세를 부리고, 그저 참으면서 이지적으로 보이는 것이 성숙이라고 믿어왔을 것이다. 내가 끌어모을 수 있는 역량과 능력에만 집중하면서 말이다. 성숙한 것을 곧 유능한 것으로 오인하기 때문이며, 그것이 곧 나의 평판을 좌우한다고 믿기 때문이다. 무엇이 성숙인지도 모르면서 모두가 성숙해 보이기를 원하는 꼴이다.

정서적 성숙을 논하기 전에 아이였을 때의 우리의 모습부터 떠올려보자. '어른이 되면 어른다워야 한다'는 말이 당연시되려면 '아이일 때는 최대한 아이다워야 한다'는 말도 당연해야 한다. 아이답다는 것은 자신의 입장에 더 집중하고, 때론 이기적이고, 애써 꾸미지 않고, 생각하는 것과 느끼는 것 모두를 여과 없이 표출하고, 욕구에 충실한 것이다. 그런데 어른에게 아이처럼 굴라고 요구하는 사람은 단 한 명도 없으면서, 아이에게 어른처럼 굴라는 요구는 왜 여기저기서 남발되고 있는가.

초등학교 때부터 어른이 되기까지 시기별로 삶의 단계

를 차곡차곡 밟아야 자아가 제대로 확립된다. 아이의 과정을 제대로 거치지 않고 바로 어른이 되어버린 사람들은 안타깝게도 감정적으로 미숙한 경우가 더 많다. 이런 사람에게는 자발성, 독자성, 책임감 등으로 구성된 자아의 기능이 제대로 발현되지 못한다. 자아의 주 기능은 감정 컨트롤인데, 자아가 확립되어 있지 않으니 감정이 극단으로 치우치고 사소한 일에도 짜증 내고 분노하며 쉽게 폭발하면서 자기 절제가 되지 않는다. 행복을 표현하는 데도 역시 극단적이며, 사랑하면서 상대도 나도 파멸시켜버리기도 한다. 자발성이나 독자성이 없고 오직 남들보다 우월해지려는 마음밖에 없기 때문에 외부의 사건이나 타인에게도 관심이 없다. 관심이 없으니 당연히 남들의 감정에도 공감하지 못하며, 마음속이 적의로 가득 차 있어 매우 무례하고 공격적으로 굴고 남을 쉽게 비난한다.

빨리 어른이 되어 늘 어른스럽다고 칭찬을 받았던 사람, 삶의 우여곡절을 많이 겪어 어떠한 자극에도 무감해진 사람, 지나치게 이성적이고 냉철하게 보이는 사람은 정서적으로 방임되었을 가능성이 크다. 감정에 대한 죄악감을 주입받았거나, 부모의 마음에 들거나 말을 잘 들어야 사랑 받을 수 있었을 것이다. 협박과 처벌로 인한 두려움과 부모에게 방해되는 존재인 것 같은 죄책감이 동원된 양육 방식의 희생자였을지도 모른다. 양육자가 아이의 감정을 잘 받아주는 환경, 가정의 일을 도맡아 하지 않아도 될 환경, 힘든 마음과 생각을 숨기지 않아도 좋았을 환경에서는 굳이 빨리 어른이 되고자 하는 욕구도, 어른다워야 한다는 강박도 필요 없었을 것이기에.

서둘러 어른이 되면 자신의 감정을 알아서 처리해야 하고, 감정적으로 외로움을 갖게 되고, 분노가 잠재되고, 비이성적인 생각, 죄책감, 건강하지 못한 관계 맺기, 불안과 과도한 욕구불만 등등의 매우 복잡하게 얽힌 심리적인 문제를 겪게 된다. 부모에게 마음껏 떼를 써본 사람은 그에 대한 아쉬움도, 미련도 없다. 실컷 울어본 사람, 힘들다고 투정 부려본 사람, 부모에게 신경질 내고 화를 내본 사람은 눌린 것이 없으니 어른이 되어서도 감정에 더 자유롭다.

합리정서행동치료를 개발한 앨버트 엘리스는 세상에는 영원히 안정적이고 확실한 것이 없으며 세상은 결코 공평하지 않다는 사실을 받아들이고, 자신의 고통을 남에게 전가하지 않는 사람, 언제든지 스스로 변화할 수 있는 사람을 감정의 성숙을 이룬 사람의 특징으로 꼽았다. 그리고 엘리스는 '조건적 사고(○○하면 ○○한다)'를 하는 사람, 나에게 불리한 것만 뽑아서 사고하는 '임의적이고 선택적인 추론'을 하는 사람, 흑백논리의 '이분법적 사고'를 하는 사람, '반복적 사고'를 하는 사람, '좌절감에 대한 낮은 인내도'를 보이는 사람, '과잉 일반화'를 일삼는 사람, '부정적 사고'와 '당위적 사고'를 자주 하는 사람은 분명히 변화를 시도해야 하고 평소에 이에 해당하지 않도록 노력해야 한다고 강조했다. '나는 반드시 잘해야 한다', '당신은 반드시 나를 잘 대접해야 한다', '세상은 반드시 쉬워야 한다'는 식의 '반드시'의 세계에서도 벗어나라고 조언한다.

정리하자면, 감정적으로 성숙해지기 위해서는 인생에 완벽한 것은 없다는 것을 깨달아야 하고, 주입된 인생의 기준표를 과감히 던져버릴 필요가 있다. 당위성과 주변에서 일어나고 있는 사건에 대한 강박을 버리고 현실을 있는 그대로 수용해야 한다. 내가 우주의 중심은 아니지만, 나는 분명 그 일부로 존재하고 있다는 것을 받아들여야 한다. 행복에 대한 책임은 내게 있음을 명심하고 자신에게 가능성의 기회를 허락하는 것이 좋다.

감정을 돌보기에 늦은 때란 없다. 어린 시절을 희생하고 박탈당했다면 지금 당장 잃어버렸던 어린 시절을 되찾기 위해 온 마음을 기울여야 한다. 자기와의 대화를 끊임없이 시도

하면서 내가 그동안 가벼이 여겼던 감정이 무엇이었는지 찾아내고, 참지 않아야 했던 순간과 울고 싶었지만 울지 않았던 때를 떠올리며 그때의 감정이 어땠는지 스스로에게 물어보는 데서부터 시작해보자. 이때 중요한 것은, 나 자신을 절대 비난하지 않아야 한다는 점이다. 감정이 무엇인지, 감정을 어떻게 처리하는 것이 좋은지, 어떻게 감정과 감정 사이를 조율할 수 있는지를 아무도 나에게 가르쳐주지 않았을 뿐이니까.

아무도 처음부터 감정의 성숙을 이룬 상태에서 태어나지 않는다. 모두 경험으로 배웠을 것이며, 그 과정에서 중심을 잡고, 여러 감정의 균형을 이루는 방법을 터득했을 것이다. 이전에 배우지 못했다면 지금부터 배우면 된다. 아무도 가르쳐주지도, 세심하게 보살펴주지도 않았으므로 내가 나에게 가르쳐주고, 보살펴줌으로써 감정의 벽을 허물기도 하고 쌓기도 해야 한다.

도둑맞은 감정을 되찾는 시간

우리 자신이 가끔 잡초이자 장미이기도 한 것처럼, 우리가 느끼는 감정 역시도 때로는 무성했다가 잦아들기도 하고 또 때로는 실연이었다가 실현이기도 하다. 끊임없이 뒤섞이는 감정은 우리에게 특별한 메시지를 건네고 생명의 본질을 알려준다. 삶 자체를 채색한다.

그러나 인간이 갖고 향유해야 할 감정은 축소되고 은폐되었고 그런 채로 우리는 길들여졌다. 어떠한 감정만 느끼라고, 어떠한 감정은 전혀 도움이 되지 않아 불필요하니 없애버리라고 종용당했다. 심지어 바라보는 것조차도 허락되지 않았다. 수많은 당위적 메시지와 감정 폭력, 그리고 감정에 대한 오해로 인해 우리는 감정을 느낄 권리를 박탈당한 채 살아야 했다. 인간을 인간답게 만들어주는 동시에 존재의 본연을 대변하는 감정은 어느 순간 우리 시야에서, 우리 내면에서 그렇게 사라져버렸다.

인간에 내재된 속성은 그저 태양이 태양이고 구름이 구름인 것처럼 사실로서 발현될 뿐이며, 그 발현을 돕는 것이 바로 감정이다. 감정은 이 순간 일어나는 사건이자 현상이기에 우리가 이해해야 하는 것이지, 차지할 것도 쫓아내야 할 것도 아니며 긍정과 부정의 이원적 세상에 존재하는 것도 아니다. 하나의 감정 안에는 밝음과 어둠의 세상이 동시에 들어 있다. 기쁨도 때로는 어두울 수 있으며, 슬픔도 때로는 찬란할 수 있다. 그러므로 어떠한 감정은 긍정적이고, 어떠한 감정은 부정적으로 정의 내리는 것은 어리석은 일이며 옳지 않다.

우리는 수많은 감정을 나쁜 것으로 오인하여 추방하며 살아왔다. 그래서 아팠다는 것도 모른 채. 추상이었던 내가 좀 더 구체화되고, 선명해지고, 성숙해지기 위해서는 상실을 발견하고, 도둑맞은 감정을 되찾아야만 한다. 감정을 단편적이고 일괄적으로 낙인찍어왔던 노쇠한 언어에 대한 집착을 버려야만 한다.

우리 각자의 마음 안에는 감정의 자취가 남아 있다. 그 광막한 자취를 따라서 걷다 보면 드디어 진실을 마주하게 될 것이다. 상처와 억압으로 인해 누락된 사실이 그제야 보일 것이다.

감정을 속이는 일은 그만두도록 하자. 진정한 해방은 그로부터 시작될 것이므로.

도둑맞은 감정들

초판 1쇄 인쇄 2020년 11월 27일
초판 1쇄 발행 2020년 12월 7일

지은이 조우관

펴낸이 김남전
편집장 유다형 | **기획·책임편집** 이정순 | **디자인** 정란
마케팅 정상원 한웅 정용민 김건우 | **경영관리** 임종열 김하은

펴낸곳 ㈜가나문화콘텐츠 | **출판 등록** 2002년 2월 15일 제10-2308호
주소 경기도 고양시 덕양구 호원길 3-2
전화 02-717-5494(편집부) 02-332-7755(관리부) | **팩스** 02-324-9944
홈페이지 ganapub.com | **포스트** post.naver.com/ganapub1
페이스북 facebook.com/ganapub1 | **인스타그램** instagram.com/ganapub1

ISBN 978-89-5736-348-5 (03180)

가나출판사는 당신의 소중한 투고 원고를 기다립니다. 책 출간에 대한 기획이나 원고가 있으신 분은 이메일
ganapub@naver.com으로 보내 주세요.